Und der Stern zog vor ihnen her

T V Z

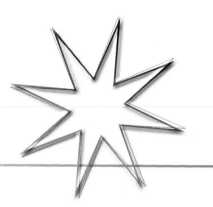

Und der Stern zog vor ihnen her

Zürcher Weihnachtsgeschichten

HERAUSGEGEBEN VON CHRISTINE VOSS

TVZ
Theologischer Verlag Zürich

Bibliografische Informationen der Deutschen Nationalbibliothek
Die Deutsche Nationalbibliothek verzeichnet diese Publikation in der Deutschen Nationalbibliografie; detaillierte bibliografische Daten sind im Internet über http://dnb.d-nb.de abrufbar.

Umschlaggestaltung
Mario Moths, Marl

Illustrationen, Satz und Layout
Mario Moths, Marl

Druck
Rosch-Buch GmbH, Scheßlitz

ISBN 978-3-290-17650-1
© 2012 Theologischer Verlag Zürich
www.tvz-verlag.ch

INHALT

Als die drei Könige,
von ihren Gaben entlastet,
wieder aus dem Stall traten,
hielt Kaspar erschrocken inne.
Der Stern, sagte er.
Was ist mit ihm? fragte Melchior.
Er ist weitergezogen! sagte Kaspar.
Hast du jemals
einen Stern stillstehen sehen?
fragte Balthasar.

Adolf Muschg

VORWORT

Weihnachten ist die Zeit des Geschichtenerzählens. Wie kaum eine andere Zeit des Jahres laden die Wochen im Dezember dazu ein. Vielleicht liegt es an den kalten, dunklen Tagen, die den Rückzug in die eigenen vier Wände und das Besinnliche fördern. Ebenso liegt es aber wohl an der Weihnachtsgeschichte selbst, die offensichtlich so Grundlegendes anspricht, dass sie immer wieder neue Bilder in den Menschen hervorruft.

Die Geschichten, die um die Weihnachtsgeschichte herumgesponnen werden, können allerdings auch schnell einmal klischeehaft werden. Dennoch: Es lohnt sich, bei den Geschichten zu bleiben. Denn gerade diese können etwas von dem einfangen, was auf der abstrakten Ebene manchmal nicht hinüberzubringen ist. Die biblische Weihnachtsgeschichte ist das beste Beispiel dafür. Die schlichten Worte, mit denen in der Bibel davon erzählt wird, wie Gottes

Heil im Dunkel der Welt Gestalt angenommen hat, haben ihre Wirkung bis heute nicht verloren.

«Und der Stern zog vor ihnen her» – auch der Titel dieses Buches ist der biblischen Weihnachtsgeschichte entnommen. Der Satz steht an jener Stelle im Matthäusevangelium, die davon erzählt, wie sich die Weisen aus dem Morgenland auf den Weg nach Betlehem machen. In den Geschichten des vorliegenden Buches sind es nicht nur die Weisen und die Hirten, sondern auch heutige Menschen, die einen Stern entdecken: ihren inneren Stern, der sie an jenen Ort führt, der in diesem Augenblick der richtige für sie ist und ihnen eine Wendung zum Hilfreichen, Heilsamen bringt. Damit ist für sie Weihnachten fassbar geworden, zumindest einen Moment lang – und vielleicht auch für uns, die wir die Geschichte lesen oder hören.

Weihnachten ist die Zeit der Geschichten. So erleben es auch viele Pfarrerinnen und Pfarrer, die für ihre Weihnachtsgottesdienste, Gemeindeanlässe oder Sonntagschulfeiern die passende Geschichte suchen. Manche greifen schliesslich kurzerhand selbst zur Feder beziehungsweise in die Tasten des Computers und erfinden ihre eigene Weihnachtsgeschichte. Dass dabei vieles entsteht, das weiterzugeben sich lohnt, zeigt das vorliegende Buch.

Gesammelt wurden die Geschichten gezielt im Kanton Zürich. Dabei wurde der Bogen weit gespannt, von Stadt- bis zu Landpfarrämtern, von Gemeinde- bis zu Spezialpfarrämtern. So soll etwas von der Vielfalt in diesem Kanton sichtbar werden.

Manche Geschichten spiegeln persönliche Erfahrungen der Schreibenden, andere reflektieren die biblische Weihnachtsgeschichte, geben ihr neue Farben oder eine aktuelle Bedeutung in der heutigen Zeit. Gemeinsam ist den Texten, dass sie sich zum Vorlesen oder Erzählen eignen.

Es bleibt zum Schluss, den Autorinnen und Autoren der Geschichten einen herzlichen Dank auszusprechen. Einige haben extra für dieses Buch eine neue Geschichte geschrieben, andere haben spontan bereits Geschriebenes zur Verfügung gestellt. Alle – und viele weitere Mitarbeitende – haben auf ihre Weise dazu beigetragen, dass dieses Buch entstehen konnte.

Christine Voss

Anita Keller

«CHRIST IST GEBOREN!»

Unter den himmlischen Heerscharen war eine grosse Aufregung. Die Geburt des Christuskindes stand bevor. Wenn der Gottessohn schon in einem erbärmlichen Stall zur Welt kommen musste, so sollte doch die ganze himmlische Herrlichkeit um das Kind versammelt sein – dieser Meinung waren jedenfalls die Engel. Mit dem lieblichsten Gesang und der glänzendsten Himmelspracht wollten sie das Kind erfreuen. Und so war der Himmel erfüllt von den schönsten Klängen. Glanz und Herrlichkeit strahlten um die Wette. Alles war bereit für die heiligste der Nächte. Schon erleuchtete der grosse Stern die Finsternis der Nacht um Betlehem.

Nur eine wichtige Frage stand noch im Raum und brachte die Engelschar ins Grübeln: Wem sollten sie die Freudenbotschaft von der Geburt des Retters überbringen? Wem diese Botschaft anvertrauen, damit sie auch in alle Welt getragen und über Jahrhunderte verkündet würde?

Michael sprach mit würdevollem Ton und voller erzengelhafter Überzeugung: «Wir müssen die Botschaft einem König bringen. Ein König hat Macht und kann diese Botschaft der Welt weitergeben wie alle seine Befehle und Verordnungen. Alle müssen ihm gehorchen. Und wo Worte nicht genügen, kann er seine Beamten und Soldaten einsetzen. Das überzeugt die Menschen sicher.»

Der Erzengel Gabriel war jedoch anderer Meinung: «Wir müssen die Botschaft einem besonders frommen und gottesfürchtigen Menschen überbringen. Nur ein solcher kann das kostbare Geheimnis der Freudenbotschaft bewahren und dafür sorgen, dass sie nicht Schaden nimmt in der Welt. Wie leicht könnte sonst die Botschaft ihre Strahlkraft verlieren in einer Welt, die so viel Streit und Neid, so viel Eigensucht und Dummheit, so traurig viel Gottlosigkeit kennt. Nur ein gottesgläubiger Mensch wird die Freudenbotschaft in der Welt zum Leuchten bringen.»

Da standen sich Gabriel und Michael gegenüber. Und beinahe, aber nur beinahe, wäre im Himmel Streit ausgebrochen in der Nacht, da die Engel den Menschen Friede auf Erden verkünden sollten.

«Die Botschaft – wir müssen sie einem grossen Menschen bringen», wiederholte Michael, «einem, der gross ist in der Welt; einem, der gross ist vor den Menschen: einem König.»

«Nein», erwiderte Gabriel, «einem, der gross ist vor Gott. Einem frommen und gerechten Menschen.»

Die beiden Erzengel blickten sich finster an. Unruhe ging durch die Reihen der himmlischen Heerscharen. Eifrig wurde diskutiert. Und bald war die Luft erfüllt von Stimmengewirr. Immer spitzer und zänkischer wurden die Worte.

Nur ein Engel schwieg nachdenklich, ein strahlendes Lächeln auf dem Gesicht. Es war, als trage er in seinem Herzen ein grosses Geheimnis. Das bemerkten die andern und kehrten sich zu ihm. «Worüber sinnst du nach?», fragte Gabriel. Und Michael wollte wissen: «Sag, woher kommt das Leuchten auf deinem Gesicht?» «Ach», antwortete der schweigsame Engel zögernd, «mir ist nur eben eingefallen, wem wir die Freudenbotschaft bringen könnten.» Erwartungsvoll blickten alle auf den nachdenklichen Engel. Er liess sich Zeit. Dann sagte er leise, aber bestimmt: «Den Hirten. Den Hirten, die ihre Schafe vor Betlehem hüten.»

Verdutzt blickten ihn alle an. Erst nach einer Weile wagte sich einer der Engel zu äussern: «Alles, was du willst, aber nicht den Hirten. Den Hirten diese freudige Botschaft anvertrauen, dass Christus, der Erlöser, geboren ist! Niemals. Das geht nicht gut! Hirten, das ist ganz einfaches Volk. In religiösen Dingen so furchtbar nachlässig und ungebildet. Weder vor Gott noch vor den Menschen sind sie gross. Die sind niemand und darum hört auch niemand auf sie. Und zudem werden sie die Botschaft gar nicht verstehen!» «Doch, gerade sie werden sich von ganzem Herzen darüber freuen», meinte der Engel.

Aber die Einwände mehrten sich. «Wir können doch die göttliche Freudenbotschaft über das Christuskind nicht nur einer Schar von Hirten in einem abgelegenen Winkel der Erde anvertrauen. So gelangt sie nie zu allen Menschen. So überdauert sie nie alle Zeiten. Wir können dieses Wort nicht so schutzlos den Menschen übergeben. Es wird bestimmt verloren gehen.»

«Ja», doppelte ein weiterer Engel eifrig nach, «es ist ein zu grosses Wagnis. Früher oder später wird die Freudenbotschaft verloren gehen. Die Menschen werden vergessen, was es bedeutet, dass Gott zu ihnen gekommen ist im Kind in der Krippe. Sie werden es nicht verstehen. Sie werden die wahre Freude, den Frieden und die Liebe der Heiligen Nacht nicht mehr spüren und ihr Glaube und ihre Hoffnung wird eines Tages nicht mehr leuchten. Wie bei einem lodernden Feuer, das allmählich erlischt, bis nur noch kalte Asche übrigbleibt.»

Der nachdenkliche Engel lächelte und antwortete: «Wir werden sehen.»

Gina Schibler

DIE QUELLE VON
BETLEHEM

«Ach Josef, ich bin so müde», klagt Maria, «ich kann nicht mehr. Warum nur müssen wir ausgerechnet jetzt nach Betlehem ziehen? Mein Kleines wird bald kommen, ich spüre es. Wo soll ich denn hin? Muss ich es hier draussen gebären?» Josef seufzt. Auch er weiss nicht weiter. Er hat sich das alles nicht ausgesucht: unterwegs zu sein mit seiner Frau und einem Kindlein, das nicht das seine ist. Fast weint er, denn er ist verzweifelt. Da bürdet Gott Maria sein Kind auf – und lässt ihn, den Nicht-Vater, mutterseelenallein damit. Schöner Gott das, schimpft er in sich hinein. Doch äusserlich bleibt er ruhig und gelassen. Jetzt nur nicht Maria entmutigen, sie ist schon erschöpft genug.

Doch was ist das? Musik liegt in der Luft. Josef schaut auf. Sieht vor sich einen lachenden Jungen heranrennen. Dieser ist wohl nicht älter als fünf Jahre. «Willkommen», sagt er, «Schalom.» Auch die kleine Schwester kommt hinterhergerannt. Sie kann noch nicht richtig reden, ist keine zwei Jahre alt. «Sie hat Blumen für dich gepflückt.» Blumen, denkt Josef, und es laufen ihm Tränen über die Wangen. Brot und Wasser wären mir lieber. Dass Gott uns so im Stich lässt! Schickt den Menschen seinen Sohn und lässt mich allein mit Blumen, die man nicht essen kann. Doch Josef lächelt trotzdem. Horcht auf die Musik und nimmt die Blumen entgegen.

Die Schafe ringsum weiden das Gras ab. Bald wird man sie zur Tränke führen. Hier ist die beste Weide weit und breit, genährt durch eine Quelle, die oberhalb der Hügel von Betlehem entspringt. Es ist Abend und Simon, der Hirtenjunge, liebt die Abende, an denen nichts mehr getan werden muss. Feierabend. Die Schafe grasen und kauen. Ein friedliches Geräusch.

Nur die Musik klingt durch die Stille. Der Hirt Hebdas spielt Flöte, Micha Laute. Die beiden nicken sich zu, schon jahrelang aufeinander eingespielt. Maria atmet tief durch. Gott sei Dank ist Josef gelassen und voller Gottvertrauen, das gibt ihr Kraft. Denn ihre Kraft ist am Ende. Der Engel Gabriel hat sie zwar besucht vor neun Monden und ihr die Botschaft überbracht, dass sie ein Kind unter dem Herzen trage. Doch das ist schon lange her. Seitdem fühlt sie sich von Gott verlassen. Sie allein trägt die ganze Bürde. Ist das Menschwerdung: dass Gott seine Sorge für den Sohn los ist und sie dafür alles tragen muss? Sie und Josef, korrigiert sie sich.

Plötzlich beginnt die helle Stimme einer Hirtin zu singen. Singt von einem Gott, der arme Menschen reich macht. Singt von einem Gott, der auch den Tieren von Feld und Aue nah ist. Singt von der Süsse des Lebens, der Nähe des Heils und dass Gott die Menschen liebt. Uns liebt – Maria erschauert. Mag ja sein. Aber liebt er mich? Kein Ort, wo ich zu Hause bin in dieser schweren Zeit. Hergepfiffen vom Kaiser Augustus, dem es beliebt, sein Volk zu zählen. Und jetzt, was zählen sie bei mir: eins oder zwei? Die Musik klingt beruhigend. Maria atmet wieder tief. Es wird schon alles werden.

«Frau, ich habe Durst», sagt der Hirte Abdon zu seiner Ehefrau. Sie hat ihm den Durst ja schon angesehen. Sonst bietet sie ihm jeweils nach der Arbeit einen Schluck Wasser an. Auch heute ist er müde, sie spürt es. Doch sie hat ebenso viel gearbeitet wie er. Und der Ärger beginnt in ihr zu wachsen, den sie schon manches Mal gespürt, doch noch nie gezeigt hat. Warum geht er nicht selbst zur Quelle, um Wasser zu holen? Und warum hat sie ihn all die Jahre hindurch bedient?

«So?», sagt sie. «Dann hol dir doch Wasser.» Aber sie kann es nicht lassen, läuft trotzdem voraus zur Quelle. Vorbei an den spielenden Kindern. Und da sieht sie die fremde Frau mit dem dicken Bauch auf einem Stein sitzen. Oh, ist diese Frau erschöpft, denkt sie unwillkürlich, und – sie sucht nach Worten – verzweifelt? Sie greift zum Wasserkrug und zu Fladen. Geht auf die beiden zu: «Schalom.» Seligkeit huscht über die Gesichter von Maria und Josef. Brot, Brot des Himmels. Wasser des Lebens. Und ohne dass wir betteln mussten.

Maria beisst hungrig ins Brot. «Frau, bring mir Wasser», schimpft Abdon erneut von ferne. «Was vergeudest du Nahrung an fremdes Pack!» Sie zuckt die Schultern, lächelt freundlich. «Mein Mann ist müde», sagt sie entschuldigend. «Du bist es auch», sagt Maria leise. «Nicht ganz so müde wie du», bestätigt die Frau.

Die Hirten spielen und singen. Und plötzlich weitet sich der Himmel, steht offen ins Unendliche: ein Stern, ein wunderbarer Stern mit grossem Schweif am Himmel!

Die Frauen schauen sich an, beide mit Tränen in den Augen. «Ich trage den Messias unter dem Herzen, und das ist eine grosse Bürde und eine grosse Freude», sagt Maria. «Und ich ertrage einen herrschsüchtigen Gatten», sagt die Frau, «und das ist eine Last.» «Ja», sagt Maria, «und das muss sich ändern. Dieses Kind hier will es anders haben. Es wird ein König sein. Aber kein herrschsüchtiger König, sondern ein König, der dient.»

«Kommt», flüstert die Frau, «nehmt Brot, nehmt Wasser. Ich kenne einen Ort, wo ihr schlafen könnt: in der Grotte, wo die Quelle entspringt.» «Ja», sagt Maria, und weiss plötzlich wieder, dass Gott sie führt. Dort wird sie niederkommen. Dort muss es sein.

Die Hirtin schaut auf. Ihr Mann steht neben ihr, er hat alles mitgehört. «Komm», sagt er begütigend, «es ist schon recht. Die Frau ist ja schwanger. Ich habe es nicht gesehen. Aber die Grotte ist nichts, die ist feucht, kalt und zugig. Beherbergen wir sie in unserem Stall. Dort stehen Ochs und Esel und geben ihnen warm. Und es hat Heu und ist bequemer.»

Verlegen blickt der Hirte auf die beiden Frauen mit ihren nassen Augen, verlegen blickt er auf Josef, der den Esel führt. Der nickt ihm zu. «Das macht der Stern mit uns», flüstert Josef. «Er führt uns neue Wege. Dich, mich, uns alle. Das macht die Nacht der Herrlichkeit. Sie verwandelt uns in Diener des Lebens.»

Christine Reibenschuh Maitland

FRIEDE DEN MENSCHEN

«Nun ist es auch bei dir wieder ruhiger!» Der Karawanenführer klopft dem Wirt auf die Schulter. «Und man sieht hier wieder die üblichen Gäste. So gefällt's mir bei dir!»

«Tja, das mit den üblichen Gästen ist so eine Sache ... Aber ich bin froh, dass dieser Trubel vorbei ist. Ich wusste in den vergangenen Wochen oft nicht mehr, wo mir der Kopf stand. Keine Zeit zum Nachdenken. Natürlich gebe ich mir Mühe, ein rechtschaffener Mensch zu sein und die Gebote einzuhalten, aber zuerst bin ich einfach für meine Gäste da ...»

«Was ist eigentlich mit dir passiert, du kommst mir ziemlich verwirrt vor», unterbricht der Karawanenführer den Wirt. «Und auch Betlehem kommt mir verändert vor, seit ich das letzte Mal hier war. Erzähl doch mal der Reihe nach!»

«Du hast recht, es ist wirklich viel passiert. Zum Glück ist diese Volkszählung jetzt vorbei. Was da an Menschen durch unser Betlehem geströmt ist! Nie hatte ich auch nur eine einzige Schlafstätte frei, jedenfalls nicht für Leute, die kein Geld haben ... Das hat sich allerdings in jener eigenartigen Nacht geändert – vieles hat diese Nacht verändert, eigentlich fast alles.

Also in jener Nacht war ich wie üblich mit tausend kleinen und grossen Dingen beschäftigt, die die Gäste wünschten. Gerade noch eine kleine Kammer hatten wir zu vermieten, aber diese wollte ich für gut zahlende Kunden freihalten. Ich liess also das Schild «Alles besetzt» vor die Tür stellen. Müde waren wir alle und ich war wirklich mit den Nerven am Ende, als wieder zwei Leute anklopften. Sie waren beide erschöpft. Es waren einfache Leute, aus Galiläa, das hörte ich an ihrem Dialekt, und dann war die junge Frau auch noch hochschwanger. Das fehlte mir noch, dass im ganzen Durcheinander auch noch ein Kind zur Welt kommt! Deshalb habe ich sie ziemlich barsch auf das «Alles besetzt»-Schild hingewiesen. Ja, wenn ich ehrlich bin, habe ich sie fast fortgejagt. Anders als die beiden Handelsreisenden, die wenig später nach einer Übernachtungsmöglichkeit fragten. Die konnten aber auch zahlen. Gutes Silbergeld bekam ich von denen. Ich muss schliesslich auch meine Familie und meine Mägde und Knechte ernähren ...

Aber als ich dann später wieder in der Küche stand, konnte ich das junge Paar doch nicht vergessen. Wenn die Frau nun ihr Kind auf der Strasse gebären musste? Deshalb habe ich eine Magd los-

geschickt, sie solle das Paar suchen und ihm wenn
nötig den Stall anbieten. Dort könnten sich die beiden wenigstens trocken und vor dem Wind geschützt
hinlegen.

Aber das gab dann auch eine Menge Ärger! Zuerst hatte ich die beiden ganz vergessen. Mitten in
der Nacht fiel mir aber auf, welch ein Gerenne in
unserem kleinen Städtchen war. Vor allem, wie viele
Hirten da unterwegs waren. Die hatten doch den
Auftrag, auf unsere Schafe aufzupassen. Aber das
kennt man ja, dachte ich, Hirten sind einfach ein
unzuverlässiges Gesindel. Und so ging ich hinaus,
Richtung Stall, um nachzusehen, ob alles in Ordnung sei.

Doch ich stellte fest: Gar nichts war in Ordnung!
Das Gras rund um den Stall war von den vielen
Leuten zertrampelt, abgerissene Äste von Obstbäu-
men lagen am Boden und vor dem Stall hatte sogar jemand Feuer gemacht. War ich wütend, als ich
diese Bescherung sah! Den ersten Hirten, der aus
dem Stall kam, habe ich gleich zur Rede gestellt:
«Was ist hier eigentlich los?» Normalerweise wird
ein Hirte richtiggehend klein, wenn man ihn als an-
ständiger Bürger so zur Rede stellt. Aber dieser Hirte
war wie verwandelt. So wie die anderen auch, die
sich zu ihm gesellten. Keiner hat scheu den Blick
zu Boden gesenkt. Sondern sie standen aufrecht da
und blickten mir gerade in die Augen. Und dann
erzählten sie merkwürdige Geschichten von Engeln,
die auf Feldern singen, vom Messias, dem Heiland
und Friedensbringer, der auf die Welt gekommen
sei. Ein grosser Stern habe ihn angekündigt. Dieser

Stern sei vor ihnen hergegangen und sei über meinem Stall stillgestanden. Für mich klang das alles ziemlich wirr. Trotzdem hatte ich nicht das Gefühl, dass sie betrunken waren. Und dann hörte ich im Stall einen Säugling weinen. Auch das noch, dachte ich. Ist also tatsächlich dieses Kind gerade heute Nacht zur Welt gekommen! Wutentbrannt stürmte ich in den Stall, um allen meine Meinung sagen.

Aber nachdem ich eingetreten war, ging das plötzlich nicht mehr. Es war Licht im Stall – ich weiss heute noch nicht, woher – und eine feierliche Stimmung. Nur im Tempel in Jerusalem habe ich bisher Ähnliches erlebt. Eine Weile stand ich nur da. Dann ging ich wieder, ohne etwas zu sagen. Was ist nur mit meinem Stall geschehen?, fragte ich mich.

Auch die Gäste, die nach Mitternacht noch in meine Herberge kamen, um etwas zu trinken, redeten von diesem Heiland und Herrn der Welt. Ich brauchte eine ganze Weile, bis ich merkte, dass sie das Kind in meinem Stall meinten. Als ich gegen Morgen schliesslich ins Bett fiel, war ich nachdenklich und verwirrt. Wenn das wahr wäre, was die alle erzählt hatten? Der Messias in meinem Stall?

Früh am nächsten Morgen ging ich sofort in den Stall. Aber da war niemand mehr. Enttäuscht stand ich allein da. Die Tiere waren ganz ruhig. Auch über mich kam plötzlich ein grosser Friede.

Heute muss ich fast glauben, dass die Hirten recht hatten. So viel hat sich bei mir verändert. Ich bin ruhiger geworden, ärgere mich nicht mehr dauernd über meine Mägde und Knechte. Und wenn ich nicht mehr weiss, wo mir der Kopf steht, gehe ich in den Stall. Ich lasse die Bilder jener Nacht wieder vor meinen Augen vorbeiziehen und erinnere mich an den grossen Frieden, der dort im Stall spürbar war.

Und noch etwas hat sich verändert: Ich beurteile meine Gäste nicht mehr nach ihrem Geldbeutel. Vielleicht kommt der Messias ja noch einmal zu mir, vielleicht wieder in Gestalt einfacher Menschen. Dieses Mal möchte ich ihn nicht verpassen!»

Brigitte Becker

DAS LANGE WARTEN

Sie sass immer an derselben Stelle. Immer auf der einen Parkbank. Direkt neben dem Brunnen. Wieder und wieder setzten sich dort Menschen hin, der Reiterstatue gegenüber, und rasteten einen Augenblick, lasen ihre Zeitung, kauten an einem Brot. Irgendwann habe ich beim Hinausblicken aus dem Fenster gemerkt – sie ist immer da. Den ganzen Sommer über. Jeden Tag nahm sie ihren Platz ein.

Seltsam fing es mir an vorzukommen, als der Herbst begann. Da trieb es die Blätter über den Platz, da schaltete die Fontäne ab, sie war noch immer da. Warm eingehüllt, ein bisschen geduckt unter dem Wind, eine Wartende.

Obwohl ich sie nicht kannte, beschäftige mich ihr Schicksal. Ich begann, mir Sorgen zu machen. «Du musst sie dir aus dem Kopf schlagen», sagte mir die Freundin, der ich davon erzählte. «Wir Menschen sind frei, wir können andere leben lassen, wie sie leben wollen!» An diesem Abend nahm ich zum ersten Mal einen anderen Weg durch den Park.

Dann verreiste ich eine Zeit lang. Kam zurück und hatte sie vergessen. Achtlos, gegen die Kälte gestemmt, suchte ich an einem dunklen Dezembermorgen den kürzesten Weg durch den Park. Und fand sie, in Decken gehüllt, spitznasig und vor Kälte schlotternd am alten Ort.

«Was machen Sie denn hier?», platzte es aus mir heraus. «Sie kommen jetzt sofort mit in mein Büro, Sie holen sich den Tod!» Wütend fasste ich sie unter, um ihr zu helfen. Wie hatte das nur so weit kommen können, dass am Ende ich dieser Frau, die offenbar kein Zuhause hatte und kurz vor Weihnachten hier Not litt, helfen musste. Gleich, sofort, nach dem ersten Tee würde ich sie ins Café Yucca bringen, den Treff für Menschen, die in Not geraten sind. Dort würde ihr die Stadtmission weiterhelfen.

«Nein», sagte sie seltsam stark und ruhig, «ich kann hier nicht weg. Das Kind ist noch nicht geboren.»

«Welches Kind?»

«Ich warte seit Monaten. Am Anfang habe ich ein paarmal gedacht, dass ich mich täusche. Wissen Sie, meine Augen sind nicht mehr so gut. Aber dann, an einem Abend, war ich ganz sicher: Dort unten, in jener Wohnung, versteckt sich eine fremde Frau, die sich nicht aus dem Haus heraus wagt.

Sie ist schwanger, hochschwanger. Es kann nicht mehr lange gehen, dann kommt das Kind auf die Welt. Ich bleibe hier, um ihr zu helfen, wenn sie mich braucht. Sie ist immer allein. Also warte ich, bis die Zeit kommt.»

«Aber warum tun Sie das nur?», fragte ich verwirrt. Ich verstand nichts von dem, was sie sagte.

«Ich war früher Hebamme. Sie weiss, dass ich hier bin. Ein paarmal schon hat sie den Vorhang ein Stück weit aufgezogen. Sie wird mich sicher brauchen, sie getraut sich bestimmt nicht, in ein Spital zu gehen. Ich werde ihr beistehen. Es ist nicht gerecht, wenn ein Kind einfach so einsam auf die Welt kommt.»

Die Rede machte mir Eindruck. Und rührte mich an. So viel Engagement für ein fremdes Kind. Ratlos stand ich neben ihr, dann setzte ich mich. Ich blieb eine Zeit lang mit ihr in der Kälte sitzen. «Wollen wir nicht hingehen und fragen, was sie von uns braucht?», wagte ich schliesslich einen Vorschlag.

Wir gingen. Kurz vor dem Fest ist er geboren. Yami hat sie ihn genannt. Ein bisschen ist er auch mein Sohn. Wir treffen uns manchmal zu dritt, mit dem Kind.

Die alte Frau heisst eigentlich Marlene. Mir kommt es so vor, als könnte sie auch Elisabet heissen. Wie jene Frau, die Maria während der Schwangerschaft beistand.

Markus Giger

LEBENDIGE HOFFNUNG

An diesem Abend hatte er genug. Er ertrug die Demütigungen seiner Mutter nicht mehr länger. Sie hatte ein Glas nach ihm geworfen. Zuvor hatte sie Worte geworfen. Die waren härter. Anders als das Glas trafen sie. Mitten ins Herz. Obwohl er die Anschuldigungen kannte, taten sie noch immer weh: Er war offenbar das Unglück seiner Mutter, der Fluch, der ihr Leben zerstört hatte. Nachdem er dem Glas ausgewichen war, flüchtete er durch das Fenster. Einfach nur weg. Aber wohin? Wohin mit seinem überflüssigen Leben?

Er hatte es ehrlich versucht, wollte sich ändern, die hohen Erwartungen erfüllen. Auch wenn sie es nicht glauben wollte, er wusste, dass er gekämpft hatte. Aber geändert hatte sich nichts. Er war schon immer irgendwem im Weg gewesen. Jahrelang fühlte er darüber Schmerz. Jetzt fühlte er nichts mehr. Nur Leere im Kopf. Er irrte sinnlos um die Häuserblocks. Dann tippte er ein SMS, bedankte sich bei dem Menschen, den er seit einigen Monaten kannte und der es geschafft hatte, dass seine Hoffnung bisher nicht erstickt war. Bis heute. Das SMS war ein Abschied.

Doch dann summte das Handy in seiner Hand. Ununterbrochen. Der Freund versuchte, ihn zu erreichen. Er nahm nicht ab. Es war einfach genug. Er wollte die Hoffnung nicht noch einmal künstlich am Leben erhalten. Sie sollte sterben dürfen. Mit ihm. Er machte sich bereit. Stellte sich aufs Tramgleis. Überlegte sich, wie es sein würde. Aber kein Tram kam. Er ging zum See und setzte sich auf eine Bank. Er zog die Jacke aus. Die Kälte fühlte er nicht. Schwimmen konnte er nicht. Es wäre sicher. Das Handy summte noch immer endlos. So also klingt Verzweiflung. Vielleicht konnte er deshalb nicht abstellen. Er wusste nicht, warum er dem Freund sagte, wo er war. Er wollte doch allein sein.

Als der Freund da war, spürte er die Umarmung. Der Freund liess seinen Tränen freien Lauf, sie redeten kaum. Er liess sich führen, der Freund fuhr ihn zu sich nach Hause. Doch die Nacht war eine Qual, der Schlaf fand keine Ruhe bei ihm. Am nächsten Morgen sass er im Büro des Freundes. Zu seinem Erstaunen atmete die Hoffnung immer noch. Er hörte, dass er nicht mehr zurück müsse. Er hörte, dass er bei einer Familie aus der Kirchgemeinde herzlich willkommen sei. Er hörte und fühlte sich atmen. Als er bei der Familie in der Wohnung sass, die nun sein Zuhause werden sollte, fragte er sich, wie er sich an einem fremden Ort daheim fühlen könne.

Offensichtlich war seine Gegenwart das Selbstverständlichste der Welt; als ob sie auf ihn gewartet hätten. Er fragte sich oft, wie es möglich war, dass diese Menschen ihn verstanden, obwohl sie ihn nicht kannten. Sie spürten es, wenn er allein sein wollte. Sie sprachen mit ihm, wenn er jemanden in seiner Nähe brauchte. Sie hörten zu, wenn er reden wollte. Wie war es möglich, dass sich fremde Menschen so um ihn kümmerten? Sie schienen seine Bedürfnisse einfach zu kennen. Er wusste nicht, wie sie es machten, aber diese Frau und dieser Mann gaben ihm das Gefühl, etwas Spezielles zu sein. Nicht nur einfach ein Gast, mehr so etwas wie ein eigener Sohn. Er fühlte sich angenommen, geliebt und beschützt. Zum ersten Mal in seinem Leben. Er kam zur Ruhe, er begann sich wieder zu fühlen. Und dieses Gefühl liess ihn atmen. Die Hoffnung atmete wieder. Er spürte, er war angewiesen auf diese Menschen, die sich seiner schützend annahmen und für ihn sorgten. Und er war bereit, sein Schicksal in die Hände dieser Menschen zu legen.

Im Wohnzimmer der Familie stand eine Weihnachtskrippe. Manchmal kniete er vor dem Tischchen nieder, auf dem die Figuren standen, und betrachtete sie stumm. Er wusste nicht warum, aber er fühlte sich zu Maria und Josef mit dem Jesuskind zutiefst hingezogen. Er spürte ihre Fürsorge für den neugeborenen Jesus, der nicht ihr Sohn war und doch ihr Kind. Genau wie er.

Ralph Kunz

CHRISTUS KAM BIS TURICUM

Damals gab es noch nicht viele Steinhäuser in Turicum. So nannten die Römer das Dorf, das am Ende des grossen Sees lag und heute Zürich heisst. Die meisten Einheimischen wohnten noch immer in Hütten aus Holz. Auf dem Hügel neben dem Fluss war das Kastell, das Kaiser Maximian erst gerade wieder hatte aufbauen lassen. Sie hatten Angst, die Römer, vor den Alemannen im Norden. Der *limes* – die Nordgrenze des Reiches – war in Gefahr. Die Römer waren schon lange hier, seit jener denkwürdigen Schlacht bei Bibracte. Aber sie waren die Fremden geblieben.

Nun, da die dunkle Jahreszeit gekommen war und in den nahen Bergen Schnee lag, verirrte sich kaum einmal ein römischer Soldat in die armselige Siedlung. Der Boden war matschig geworden. Die Menschen sassen an ihren Feuern, der Geruch von Rauch und feuchter Wolle lag in der Luft. Da huschten

zwei Gestalten durch das nächtliche Dunkel. Ein
Hund bellte. Es waren offensichtlich Römer: eine
Frau und ein Mann. Warum mieden sie das Kastell?
Was hatten sie beim Druiden zu suchen? Die Toga
eng um den Körper geschlungen, stapften sie durch
den Schlamm zum Haus des Druiden, des religiösen
Oberhauptes des Dorfes, und traten ein.

Der Alte wärmte sich am offenen Feuer. Erschrocken schaute er die Eindringlinge an: «Was wollt ihr?»
Im Halbdunkel sah er das Gesicht des Eintretenden.
Es war ein Legionär. Doch die Soldaten der Garnison
sahen anders aus. Dieser hier hatte schwarzes Haar,
dunkle Haut und braune Augen. Sein Latein hatte
ausserdem einen fremden Klang. Aber der Druide
verstand ihn. «Ich heisse Felix», sagte der Mann.
«Und das hier ist Regula, meine Schwester.» Niemand sagte ein Wort. Der Druide brach schliesslich
das Schweigen: «Was wollt ihr von mir, dem Druiden?
Noch dazu in dieser Nacht! Warum seid ihr nicht
mit den andern Soldaten im Tempel, um das neue
Leben der Sonne zu feiern – heute, wo die Römer mit
dem Fest der Wintersonnenwende ihren Sonnengott
besonders ehren?» Der Soldat kauerte sich nieder. Er
holte einen in Tuch gehüllten Gegenstand hervor und
legte ihn vor sich auf den Boden. «Wir haben gehört,
dass in dieser Nacht ein Kind auf die Welt gekommen
sei. Kannst du uns zu ihm führen? Das hier ist ein
Geschenk.» Der Alte starrte ihn verwirrt an. «Wieso
wollt ihr es sehen?»

Und Felix erzählte. Wie seine Schwester und er
zusammen vom ägyptischen Theben nach Rom gekommen waren, wie er Soldat geworden war und

wie sie mit der thebäischen Legion nach Agaunum gelangt waren. Wie sie von dort fliehen mussten, weil Kaiser Maximian ein grausamer Despot war, der alle Christen verfolgte. Nun auch ihn und seine Schwester Regula, weil bekannt geworden war, dass sie an diesen Christus glaubten, den Sohn Gottes, den wahren Cäsar, ihren Retter und Erlöser.

Der Druide hörte zu. «Und warum kommt ihr bei Nacht und Nebel zu uns, einem Neugeborenen Geschenke zu bringen?» «Weil wir in dieser Nacht nicht den Sonnengott feiern wollen, sondern die Geburt Christi.» Der Druide starrte sie an. Hatten nicht die Alten von dieser Stunde gesungen? Sollte es wahr sein? Gab es einen Herrscher, der den Cäsar besiegen konnte? Mächtiger als Jupiter und Merkur? Mächtiger als Wotan? Woher nahmen diese beiden verrückten Afrikaner ihre Gewissheit?

Der Alte erhob sich. «Folgt mir!» Sie gingen hinaus ins Dunkle, dicht hinter dem Druiden. Kurz darauf hörten sie das Wimmern eines Kindes. Sie traten ein. Die Mutter war jung. Es war ihr erstes Kind. Sie lag auf einem Bärenfell, neben ihr ein Hund, der sie wärmte und jetzt zu müde war, um zu bellen. Felix und Regula knieten nieder. «Nimm dies als Geschenk für dich und dein Kleines. Und behalte die Worte in deinem Herzen, wenn wir nicht mehr leben werden: Christus kam bis Turicum.»

Achim Kuhn

MERRY CHRISTMAS

Er war zu spät dran. Er wusste es. Quietschend bremste das Taxi am Haupteingang der Union-Station in Chicago. Würde die Zeit reichen? In dreissig Minuten, um 16.30 Uhr, fuhr sein Zug nach Milwaukee los. Und er hatte noch kein Ticket. Er zahlte und stürzte aus dem Taxi, rannte die Treppe hinunter, dorthin, wo die Ticketschalter waren. Und dann sah er das, was er befürchtet hatte: eine rund vierzig Meter lange Schlange, ausgehend von jenem Punkt der Absperrung, von der aus sich die Wartenden auf die vierzehn offenen Schalter verteilten. Vielleicht habe ich ja Glück und es geht schnell, dachte er. Er stellte sich an. Nach fünf Minuten war er kaum vier Meter vorangekommen. Er begann zu rechnen: In knapp fünfundzwanzig Minuten fuhr sein Zug los, fünf Minuten vor Abfahrt wurde das Gate, der Zugang zum Bahnsteig, durch Glastüren geschlossen. Dann war an ein Einsteigen in den Zug nicht mehr zu denken. Er hatte also noch zwanzig Minuten Zeit.

Er ärgerte sich. Hätte er doch ein Rundreise-Ticket gekauft! Hätte er nur nicht den Schlenker über das «American Girl»-Geschäft gemacht. Die Puppe für seine kleine Tochter war mit ihren Kulleraugen zwar süss, aber durch diesen Kauf hatte er mindestens fünfundzwanzig Minuten verloren. Das hatte kein Taxi der Welt wieder aufholen können. Dieser Gedankengang brachte ihn auf eine Idee: Entschlossen löste er sich aus der Schlange. Die Frau hinter ihm rief ihm nach: «Soll ich den Platz hier für Sie reservieren?» Er schüttelte den Kopf, rannte zum Taxistand, wo nur zwei Fahrzeuge standen. Er klopfte an die Scheibe des ersten Taxis; der Fahrer liess die Scheibe herunter. Er sprach den Taxichauffeur an: «Hi, ich muss dringend nach Milwaukee. Fahren Sie mich hin? Jetzt sofort! Wie viel kostet das etwa?»

Erstaunt sah ihn der Fahrer an. Er schüttelte den Kopf: «Nach Milwaukee? Das wären für mich hin und zurück vier Stunden! Mann, da werden Sie hier in ganz Chicago keinen Taxifahrer finden, der so etwas macht. Nicht heute! Nicht am Abend vor Weihnachten. No way. Sorry!» Er liess die Scheibe wieder hochgleiten, um die beissende Kälte so gut wie möglich draussen zu lassen. Der zweite Taxifahrer reagierte ähnlich.

Was sollte er jetzt nur tun? Er rannte zurück in die Halle, ging mit raschem Schritt die ganze Schlange entlang bis hin zur ersten Person, die an der Absperrung stand; eine ältere Frau mit Dauerwelle und

dunklem Mantel. Er fragte: «Bitte – lassen Sie mich
vor?» Dann erklärte er die Situation: Dass er eine
hübsche Puppe für seine Tochter gekauft habe und
deshalb vermutlich den Zug verpassen würde; dass
er am Weihnachtsabend bei seiner Familie sein wolle;
er erzählte sogar, dass er Geschäftsmann sei und extra auf die Teilnahme an der Firmen-Feier verzichtet
habe, um rechtzeitig zu Hause zu sein …

Schliesslich unterbrach ihn die Frau und sagte
bestimmt: «Alle haben es eilig heute. Alle wollen
nach Hause; wenn ich Sie vorlasse, verpasst vielleicht ein anderer den Zug. Nein, tut mir leid, Sie
müssen sich hinten anstellen. Sie wissen: So sind die
Regeln.» Dabei lächelte sie freundlich. Geknickt ging
er in die grosse Bahnhofshalle und setzte sich auf
eine Bank. Er holte sein Handy hervor und rief seine
Frau an. Zerknirscht erklärte er ihr die Situation. Sie
überraschte ihn einmal mehr durch ihre gelassene
Haltung; er kannte sie gut genug, um zu wissen,
wie traurig sie darüber war, dass er heute – gerade
heute – nicht da sein würde. Aber sie sagte ruhig:
«Wie schön, dass du morgen dann hier sein wirst.
Wir holen dich am Bahnhof ab – das ist doch auch
ein schönes Weihnachten, wenn du hier ankommst.»
«Ja», sagte er und versuchte zu scherzen, «ein ech-
ter Adventsabschluss!» Sie lachte und fragte: «Was
kannst du jetzt in Chicago machen, damit es dir heute
Abend gut geht?»

«Ich weiss nicht …, selbst Weihnachtsmann
spielen?»

«Ja», sie lachte wieder ihr Lachen, das er so liebte,
«tu das! Tu das, Liebster. Wir sind in Gedanken bei

dir und freuen uns auf morgen, auf dich.» Er hörte,
wie im Hintergrund seine Tochter zu weinen anfing.
Er legte auf. Was für eine Frau – unglaublich. Er
fühlte sich plötzlich viel leichter. Irgendwie heller
und klarer. Er stand auf und ging aus dem Gebäude. Ein paar Meter weiter sass ein Mann auf dem
Boden. Er war in alle möglichen Kleidungsstücke
gehüllt. Seine Kappe hatte er tief ins Gesicht gezogen.
Um seinen Hals trug er ein Schild, auf dem in fetter
Computerschrift stand: Homeless.

«Sir», sprach ihn der Obdachlose an, «bitte, ein
paar Cents!» Der Bettler hielt ihm einen Pappbecher
entgegen. Er kramte ein paar Münzen aus seiner Hosentasche und liess sie in den Becher fallen.

«Thanks, Sir», sagte der Schwarze.

Er ging ein paar Schritte weiter und drehte sich
um. Er sah, wie andere Passanten an dem Obdachlosen vorbeigingen, als sei er Luft. So machte er es
auch meistens; es gab auf den Strassen Chicagos zu
viele Obdachlose, zu viele Bettler, um sie einzeln
wahrnehmen zu können. Doch heute wollte er es
anders halten. Er griff erneut in seine Hosentasche
und holte ein paar Dollarscheine hervor. Ging zu dem
Schwarzen zurück und stopfte die Scheine in den
Becher. Der Bettler sah ihn erstaunt an; er öffnete
seinen Mund, in dem nur noch zwei Zähne sichtbar
waren, und sagte: «Thank you, Sir, Sie sind ein guter
Mensch, Sir.» Der schüttelte den Kopf und ging weiter.
Doch dann drehte er sich um und rief dem Schwarzen
zu: «Gott segne Sie! Und: Ich wünsche Ihnen frohe
Weihnachten, Merry Christmas! Auch wenn es kalt
ist und Sie obdachlos sind.» Erfreut erwiderte der

Schwarze: «Thank you, Sir. Merry Christmas – auch Ihnen. Gott segne Sie, Sir. Sie und Ihre Familie.»

Er winkte dem Schwarzen zu und dachte: Merry Christmas? Naja, mal sehen!

Langsam und nachdenklich ging er weiter. Er achtete nicht auf seinen Weg und wäre fast in eine Frau hineingestolpert, die ihm nachgegangen und ihm in den Weg getreten war. Als er sich an ihr vorbeischieben wollte, griff sie nach seinem Arm und zwang ihn, stehen zu bleiben. Erstaunt blickte er auf und sah jene Frau vor sich stehen, die er in der Tickethalle angesprochen hatte.

«Hier», sagte sie und gab ihm ein Couvert. «Das möchte ich Ihnen schenken.»

«Was ist das?»

«Ein Freifahrticket für eine Person, einlösbar an einem frei wählbaren Datum, für eine Reise bis zu 200 Kilometer.»

«Warum …?»

«Ich reise viel per Bahn – und dann bekommt man ab und zu so ein Ticket.»

«Nein, ich meine, warum …»

«… ich Ihnen das Ticket gebe? Nun, ich konnte Sie nicht in die Schlange hineinlassen, das wäre nicht fair gewesen. Aber als ich gesehen habe, welche Freude Sie dem Obdachlosen gemacht haben, habe ich beschlossen, Ihnen auch eine Freude zu machen. Jetzt aber los – wenn Sie den Zug noch erwischen wollen.» Sie schaute auf ihre Uhr: «Er fährt in sechs Minuten ab.»

Dankend nahm er das Couvert, rannte los, drehte sich noch einmal um und rief der Frau und dem

Obdachlosen winkend zu: «Merry Christmas. *Merry Christmas!*»

Er rannte zum Gate. Lachend. Die Glastüren waren bereits verriegelt, aber der Kondukteur kam zurück und öffnete sie nochmals extra für ihn. Er stieg in den Zug, nahm Platz und murmelte: «Unglaublich. Einfach ... Weihnachten.» Und musste wieder lachen.

Marcus Maitland

ABENTEUER
IM SCHAUFENSTER

Eigentlich war alles ein Missverständnis gewesen. Fast wäre er, der Clochard Hans Walti Steiner, in der Klapsmühle gelandet. Nur dass er so getan hatte, als ob er betrunken sei, hatte ihn schliesslich knapp davor bewahrt. Die Polizei hatte ihn nach dem Verhör wieder auf die Strasse gesetzt.

Jetzt sitzt Hans Walti auf der Kirchenbank. Seine Hosen sind mit Zeitungen gegen die Kälte ausgestopft, sein abgeschabter Mantel liegt neben ihm, ebenso die alte Kappe, die einst weiss war, und ein zerfranster Schal. Hier fühlt sich Hans Walti wohl. Es ist warm und er ist geschützt vor Wind und Schnee. Nur keine Leute sehen, nur niemandem begegnen, denkt er für sich. Was gestern Abend geschehen ist, kann er immer noch nicht fassen.

Dabei wollte er gestern, am Heiligen Abend, nur zum Aufwärmen in das Warenhaus gehen. Zu je-

ner Zeit, in der alle den letzten Geschenken nach-
hetzten. Verloren und einsam stand er mitten in der
Menschenmenge auf der Strasse. Er war noch müde
von der letzten Nacht in der Kälte. Er hatte wenig
geschlafen, weil der Wind eisig gewesen war und ihn
der Nachtwächter morgens um fünf weggeschickt
hatte. Nur eine halbe Stunde Schlaf, hatte er sich
gedacht, dann geht's schon wieder. Die Augen fielen
ihm schon im Stehen fast zu. So stand er vor dem
Schaufenster, in dem eine Camping-Ausstellung zu
sehen war. Drei Schaufensterpuppen in modischen
Campingkleidern waren um ein künstliches Feuer
gruppiert. Der eine hatte einen Fisch am Angelhaken,
der andere trug ein Fernglas und der dritte zündete
gerade das Feuer an. Neben ihnen war ein Iglu-Zelt
aufgespannt, darin ein Schlafsack ausgebreitet. Dort
kann ich mich kurz hinlegen, schoss es Hans Walti
durch den Kopf. Und schon bewegte er sich mit der
Menschenmenge in das Geschäft, stieg, als niemand
hinschaute, ins Schaufenster und verschwand rasch
im Zelt. «Nur eine halbe Stunde», sagte er sich.

Als Hans Walti aufwachte, war es still. Keine Musik,
alles war dunkel, nur das Licht des Schaufensters
leuchtete in der Nacht. «Das Geschäft ist ja schon
geschlossen», stellte er verdutzt fest. «Hast aber lange geschlafen», sagte eine tiefe Stimme hinter ihm.
Vor lauter Schreck wäre Hans Walti fast aus dem
Schaufenster gefallen. Er hatte noch nicht einmal
den Sprecher entdeckt, da erschrak er schon aufs
Neue: Die Schaufensterpuppe, die das Feuer an-
zündete, bewegte sich! Mit einer Geste lud sie ihn

ein, sich ans Feuer zu setzen, dann drückte sie ihm ein Fünffrankenstück in die Hand: «Das kannst du besser brauchen als ich. Ein Käufer hat es gestern auf dem Schaufenstersims verloren.» Nun legte die andere Puppe ihren Fisch auf den Boden, die dritte nahm das Fernglas von den Augen und beide setzten sich. Wo bin ich hier?, überlegte sich Hans Walti, träum' ich oder spinne ich? Gehöre ich in die Klapsmühle? Doch ohne Hans Walti gross zu beachten, waren die drei Schaufensterpuppen schon mitten im Gespräch.

«Scheiss-Weihnacht», sagte der mit dem Fernglas. «Nichts als Einkaufen, hier noch ein Buch, da noch einen Gutschein. Durch das Fernglas sehe ich alles noch viel genauer als ihr.» «Lass ihnen doch ihre Freude», sagte der mit dem Fisch, «sie brauchen etwas, um die Leere dieser dunklen Tage auszufüllen.» «Also, ich habe gelesen …», fing der Dritte am Feuer an. «Du mit deinen Büchern! Seit die Dekorateure dich ein halbes Jahr in die Bücherabteilung gestellt haben, bist du zu nichts mehr zu gebrauchen.» «Aber ich sag' doch nur, dass die Menschen in diesen Tagen Weihnachten feiern, deshalb die Geschenke. Ein Friedensfest. In der Bibel steht, dass die Engel gesungen haben: ‹Ehre sei Gott in der Höhe und Frieden auf Erden unter den Menschen seines Wohlgefallens.›» Der mit dem Fernglas blieb skeptisch: «Ja, wie wollen die Menschen Frieden erleben, wenn sie es nicht einmal schaffen, für die Welt etwas Gutes zu tun? Jeder hat doch Angst, er könnte selbst zu kurz kommen. Wo ist denn der Friede jetzt? Alle feiern Weihnachten, aber in der Welt sieht es anders aus.» «Du hast

zu lange in der Fernsehabteilung gestanden», sagte
der am Feuer, «bald fängst du noch an, wie in der
Sendung Arena zu diskutieren. Aber in der Bibel
erzählen sie von der Geburt eines Kindes.» Der mit
dem Fisch wandte ein:»Ein Kind kann doch keinen
solchen Frieden bewirken?» Still schauten sie ins
künstliche Feuer und wie zu sich selbst sagte der eine:
«Und doch: Gott gibt den Menschen die Hoffnung,
dass Friede möglich ist. So, wie in einem kleinen
Kind viele Möglichkeiten stecken, die sich erst ent-
falten müssen. Geschenkt bekommen die Menschen
an Weihnachten die Hoffnung – schaffen müssen sie
den Frieden aber selbst.»

So hatte Hans Walti Steiner noch nie über die
Weihnachtsgeschichte nachgedacht. Selbst an die
Hand nehmen, ja, wieso eigentlich nicht? Bis jetzt
hatte er zwar immer nach dem Spruch gelebt: Das
sollen doch die anderen machen – die, die in der Re-
gierung sitzen oder sonst mitreden können. Er stand
auf: «Ich …» Mit lautem Geheul ging der Alarm des
Warenhauses los. Er war in den Bereich der Licht-
schranke getreten. Erschrocken schaute er die Pup-
pen an. Doch diese standen wieder wie angewurzelt.
Hatte er geträumt?

Die Polizei nahm ihn auf den Posten mit. Als er erklärte, warum er ins Schaufenster gestiegen war,
nickte der Polizist und kontrollierte Hans Waltis
Taschen. Doch als er von den Schaufensterpuppen
anfing, schaute der Beamte ihn gross an. Und als
Hans Walti von Weihnachten und Frieden und selbst
Anpacken erzählte, wurde der Blick des Polizisten

besorgt. Schliesslich griff er nach dem Telefonver-
zeichnis auf seinem Schreibtisch. «Bloss nicht in eine
Klinik!», schoss es Hans Walti durch den Kopf und
vehement ergänzte er, dass er vorher halt zu viel
getrunken hätte. So stand er schliesslich mit einer
Verwarnung vor dem Polizeirevier. Immerhin, einen
Kaffee hatten sie ihm gegeben. Dann suchte er in der
Kirche Zuflucht.

Hans Walti zieht seine Jacke an und stapft aus der
Kirche in die einbrechende kalte Nacht. Ob das, was
er im Warenhaus erlebt hat, ein Traum oder Wirk-
lichkeit war, weiss er immer noch nicht. Langsam
schiebt er das Fünffrankenstück in der Hosentasche
von Finger zu Finger, als ob das Geld ihm Halt geben könnte. Aus der gleichen Tasche kramt er nun
einen vergessenen Zettel heraus: «Weihnachtsfeier in
der ‹Herberge zur Heimat›, christliches Wohnheim
für obdachlose Männer. Gäste willkommen. Beginn
16.00 Uhr.» Lange schaut er den Zettel an. «Vielleicht muss ich das mit dem Frieden wirklich selbst
an die Hand nehmen, statt mein Leben einfach geschehen zu lassen», sagt er sich. Mit grosser Angst,
abgewiesen zu werden, und mit kleiner Hoffnung auf
ein warmes Wort stösst Hans Walti Steiner die Tür
zur Herberge auf.

Carlo Capaul

«GEGRÜSST SEIST DU, MARIA»

Es war ein Tag wie schon so mancher für sie gewesen. Dem Vater hatte sie geholfen, die geforderten zwölf Beutel Mehl zum römischen Statthalter zu bringen. Den beiden Kranken hatte sie die wässrige Suppe eingelöffelt und sie gewaschen, so gut es eben ging bei all deren Schmerzen. Es war so viel Leid im kleinen Dorf, dass manche vom Zorn Gottes sprachen. Sie wollte es nicht glauben, hoffte vielmehr, dass endlich wahr würde, was jeweils aus den Propheten vorgelesen wurde. Ein König wie damals David sollte ihnen Gerechtigkeit und Frieden bringen.

Sinnend sass sie auf ihrer Pritsche und betrachtete den Lichtstrahl der Abendsonne, der durch das kleine Fenster hereindrang. Sie strich sich über den blauen Leinenrock, dessen Stoff sie im Jahr zuvor am Webstuhl fertiggestellt hatte. Jetzt war sie ja schon fast am Ende mit der Arbeit am roten Mantel, denn sie hatte sich zum Herbstfest mit dem jungen Zimmermann

verlobt. Bald würde sie als verheiratete Frau erkenn-
bar sein. Die lüsternen Blicke der römischen Soldaten
und deren freche Sprüche, die sie oft um die nächste
Hausecke flüchten liessen, hätten dann ein Ende. So
hoffte sie und ihre Gefühle schwankten zwischen der
Freude auf ihre Hochzeit und dem Bangen, ob seine
starken Hände auch danach noch zärtlich über ihre
Haare streichen und seine Worte denselben guten
Klang haben würden wie bisher.

Eben blitzte die Sonne noch auf am Dachfirst des
Nachbarhauses und einen Augenblick lang schien es
ihr, als löste sich alles auf in den roten Ringen, die
das Licht vor ihre Augen zauberte. Er kam völlig
unerwartet, erschreckend zuerst. Sie sah den un-
beschreiblich schönen Mann vor sich und zugleich
viel mehr. Es war, wie wenn sie durch seinen Leib
hindurch in tausend Welten blickte. Menschen und
Tiere in unendlicher Zahl, die Natur blühend in
Farben und Formen, die sie noch nie gesehen hatte. Und ein Klang so wunderschön, dass er in ihr
selbst ein Singen anstiess, das sie noch nie gefühlt
hatte. Sie klammerte sich mit ihren Händen an den
Stoff ihres Kleides. Was geschah da? Es war nicht
bloss eine Blendung, es war nicht nur Traum. Sie
rutschte von der Pritsche auf ihre Knie und spürte
sich zugleich erfüllt von einer Leichtigkeit, die sie
hätte fliegen lassen können. Bilder, immer mehr Bilder tauchten vor ihren geschlossenen Augen auf. Sie
sah Wunder geschehen und Tausende, die Brot genug hatten. Sie sah dunkle Gewitterwolken über den
grausamen Kreuzen, die draussen vor der Stadt von
den Besatzern errichtet worden waren. Ein Schmerz

VERKÜNDIGUNG

y y y z z z B B a & «‹

OOOOPPP PPPP¶ RRRRRRR

1 2 3 4 5 9

durchfuhr sie, als würde ein Schwert mitten durch sie hindurchgehen. Sie hörte den Mann sprechen, so ruhig und erfüllt von einer tiefen Liebe, dass sie zu Boden sank und sich nur noch sagen hörte: «Mir geschehe, wie du gesagt hast.»

Sehr früh am Morgen, das erste Licht zeigte sich gerade am Horizont, spürte sie ihre eingeschlafenen Beine. Sie musste die ganze Nacht so auf dem Boden gekniet sein. Es war, wie wenn eine ungekannte Schwere in ihr wäre, und zugleich fühlte sie sich wunderbar warm und erfüllt von einer neuen Kraft. Sie richtete sich auf und spürte ihren Scheitel zum Himmel gezogen und sich selbst in alle Dimensionen wachsend. Ihre nächsten Schritte schien sie nicht selbst zu tun, so kam es ihr vor. Schon stand sie vor der kleinen Truhe, in der ihre Aussteuer lag. Sie öffnete sie und entnahm ihr den roten Mantel. Es war kein Zweifel, dass sie ihn jetzt anziehen musste.

Die Geräusche auf der Gasse waren nach und nach lauter geworden. Man hörte die Wachkolonne der Soldaten auf ihrem morgendlichen Kontrollgang, die Karren der Händler und ihre Zurufe, die Bauersfrauen mit ihren Kindern, die munter plapperten auf dem Weg zu den Feldern. Und dann hörte sie ihn. Der junge Zimmermann sprach mit ihrem Vater am Hauseingang. Ihr Herz klopfte heftig, als sie hinaustrat und die verblüfften Gesichter der beiden sah. Eine lange Stille entstand. Dann sagte der Vater, dass er nun zur Arbeit müsse. Sie standen sich allein gegenüber. Er trat von einem Fuss auf den anderen, bis er schliesslich sagte: «Ist es wahr?» Sie nickte bloss. Dann aber schaute sie ihn an mit einem Blick, der ihn zutiefst erschütterte. Er zitterte, rang nach einem Wort und konnte dann doch nur sagen: «Lass uns morgen darüber sprechen. Jetzt muss ich ins Nachbardorf zur Arbeit.»

Auf seinem Weg durchliefen ihn Zorn, Trauer, Wut, doch auch immer wieder die grosse Liebe, die er für sie empfunden hatte. Er suchte alles zu verscheuchen, indem er immer schneller lief. Als er die Kaserne der Römer sah, spürte er den Impuls, sich hineinzustürzen und den nächstbesten Soldaten niederzuschlagen. In diesem Augenblick hörte er den Ruf seiner Kollegen. Er schloss sich ihnen an, schweigend gingen sie zur Arbeit. Sie hatten es von ihren Frauen schon gehört und einer legte ihm den Arm um die Schulter und sagte etwas wie: «Die Zeit wird kommen.» Der lange und harte Arbeitstag lenkte ihn ab. Erst als er aber abends auf seine Pritsche fiel, bedrängten ihn die Gefühle erneut. Er fand lange keinen Schlaf und wälzte sich hin und her.

Als er erwachte, stand die Sonne schon viel zu hoch am Himmel. Für die Arbeit war es zu spät. Seltsamerweise aber dachte er nicht an den Ärger, den er mit seinem Vorgesetzten bekommen würde. Dafür war es in ihm so rein und klar wie damals im Weinberg, als er sie gefragt hatte, ob sie seine Frau werden möchte. «Ich liebe sie», hörte er sich sagen. Und schon war er unterwegs zu ihrem Haus. Auf dem Weg erschienen ihm nach und nach unerklärliche Bilder. Zwei, drei Mal musste er stehen bleiben und mit den Händen vor sich greifen, um zu prüfen, ob da nicht einer vor ihm stünde. Es schien ihm, als sage dieser immer wieder: «Immanuel, das heisst: Gott mit uns.»

Sie sah ihn schon von weitem, denn sie war dabei, auf dem Dach die Wäsche aufzuhängen. Rasch eilte sie die Treppe hinunter und als sie sich gegenüberstanden, fragte er unvermittelt: «Wohin führt uns das alles?» Sie verstand ihn zutiefst. Ihr selbst war es, als seien diese Tage und Nächte voller Rätsel. Es fiel ihr nichts anderes ein, als die Eingangsworte des Morgengebets zu sagen: «Du sollst den Herrn, deinen Gott, lieben von ganzem Herzen, von ganzer Seele und mit deiner ganzen Kraft.» Sie umarmten sich wie noch nie zuvor und spürten in dem Augenblick, dass es gut sei.

Plötzlich ertönte ein Horn. Sie erschraken und liefen dann, wie es von den Römern befohlen worden war, zum Hauptplatz des Dorfes. Da stand der Herold des römischen Statthalters mit einer Schriftrolle, Soldaten neben ihm. Er verlas einen Befehl des Kaisers Augustus, wonach sich alle in ihre Heimatstadt begeben sollten, um sich für die Steuern neu einschätzen zu lassen. Für ihn hiess das, nach Betlehem zu gehen, der Stadt Davids, denn er war einer seiner Nachfahren.

Thomas Muggli

SARA SUCHT DAS LICHT

Sara ist neun Jahre alt. Sie lebt mit ihren Eltern und Geschwistern in Betlehem, einer kleinen Stadt in der Nähe von Jerusalem. Der Vater arbeitet als Taglöhner bei den Bauern der Umgebung. Doch dieses Jahr ist die Ernte schlecht ausgefallen und der Vater blieb die meiste Zeit ohne Arbeit.

Eines Abends, als der Vater wie immer die Öllampe anzünden möchte, muss er feststellen, dass kein Öl mehr da ist. Die Mutter holt die Geldbörse, um eines der Kinder zum Einkaufen ins Städtchen zu schicken, doch sie stellt fest: Es ist kein Geld mehr da. Ratlos sitzt die Familie am Tisch, niemand weiss weiter. Da steht Sara auf und sagt: «Es hilft nichts, wenn wir dasitzen und klagen. Gebt mir die Lampe. Ich gehe ins Städtchen und suche Öl, damit wir wieder Licht haben.»

Und so macht sich Sara auf den Weg. Sie streift durch die Gassen Betlehems, doch sie bringt den Mut nicht auf, um einfach irgendwo anzuklopfen und um Öl zu betteln. Auf einmal sieht sie am Ende einer Gasse einen hellen Schein. Sie geht darauf zu und kommt auf einen weiten Platz, auf dem eine Schar Kinder miteinander einen Tanz für das nächste Fest einübt. Jedes Kind trägt dabei ein Licht in der Hand. Sara schaut eine Weile zu, dann nimmt sie all ihren Mut zusammen, geht auf die Kinder zu und fragt leise:

«Darf ich mitmachen?»

«Sicher nicht!» rufen die Kinder.

«Du hast ja gar kein eigenes Licht, nur eine erloschene Öllampe!»

«Könnt ihr mir nicht ein wenig Öl für meine Lampe geben?»

Die Kinder schreien:

«Jetzt willst du uns auch noch ausnützen! Mach dich aus dem Staub und zwar rasch!»

Traurig geht Sara weiter. Ratlos irrt sie durch die Gassen. Als sie an einem Haus vorbeikommt, dessen Fenster besonders hell erleuchtet sind, fasst sie sich ein Herz. «Hier kann ich es wagen», denkt sie. «Wenn diese Leute ihr Haus so hell beleuchten, können sie mir auch ein wenig Öl für meine Lampe geben.»

Und Sara klopft an. Ein Mädchen öffnet ihr und will unfreundlich wissen, was sie wolle. Sara fragt, ob sie die Eltern sprechen dürfe. Misstrauisch lässt das Mädchen sie eintreten. Sara wird von der grossen Familie, die um den Tisch sitzt, zunächst gar nicht bemerkt. Alle sind vollauf damit beschäftigt, Silbermünzen zu zählen. «Hört alle zu!», ruft der bärtige Mann, welcher der Vater sein muss. «Heute habe ich wieder grossen Erfolg gehabt. Ich habe den Dummköpfen an meiner Zollstelle Hunderte von Silbermünzen abgeknöpft. Das gibt ein Fest!»

Sara steht staunend am Eingang, bis die Mutter sie bemerkt: «Was suchst denn du in unserer guten Stube?», fragt sie barsch. Sara erzählt, wie bei ihr zu Hause ausgerechnet in dieser dunklen Nacht das Öl ausgegangen sei und kein Geld da sei, um neues zu kaufen. «Könnt ihr vielleicht ein wenig von eurem Öl entbehren, damit wir wieder Licht haben?», bittet sie.

Der Vater schlägt mit der Faust auf den Tisch, dass die vielen Münzen klirren: «Was, kein Geld für Lampenöl? Da kann ja jeder kommen! Bettlern geben wir grundsätzlich nichts. Schliesslich haben wir unseren Besitz selbst sauer verdient. Also verschwinde und zwar rasch!»

Sara flieht aus dem Haus und rennt so schnell sie kann davon. Ausser Atem bleibt sie schliesslich stehen. Nun weiss sie endgültig nicht mehr weiter.

Da fällt ihr plötzlich etwas ein. Onkel Natanael!, denkt sie. Ja, er ist Hirte und wacht Nacht für Nacht bei den Schafen. Er hat gewiss Öl für ihre Lampe. Und Sara macht sich auf den Weg zu den Feldern, wo die Hirten ihre Schafe weiden. Sie hat die letzten Häuser Betlehems kaum hinter sich gelassen, als sie in der Dunkelheit mehrere Gestalten entdeckt, die ihr eilig entgegenkommen. Von nahem erkennt Sara die Hirten. Und ihr Onkel ist auch dabei.

Bevor Sara fragen kann, warum die Hirten mitten in der Nacht ihre Herde allein lassen, ruft einer ihr zu: «Komm mit uns, kleines Mädchen! Wir gehen ins Dorf, um das grosse Wunder zu sehen.»

Sara versteht nicht, was der Hirte meint. Da nimmt
Onkel Natanael sie an der Hand und erzählt ihr, was
sie soeben auf dem Feld erlebt haben: «Wir hielten
Wache bei unseren Herden. Es war stockdunkel und
wir sehnten das Ende der Nacht herbei. Da wurde
es auf einmal hell und wir sahen einen Engel. Wir
erschraken furchtbar, doch der Engel sagte zu uns:
‹Fürchtet euch nicht. Ich verkündige euch nämlich
eine grosse Freude. Euch wurde heute der Retter
geboren, in Betlehem, der Stadt Davids. Und das ist
das Zeichen für euch: Ihr werdet ein neugeborenes
Kind finden, das in einer Futterkrippe liegt.› Ja, und
jetzt sind wir unterwegs nach Betlehem, um dieses
Kind zu sehen.»

Während Natanael noch erzählt, sind die Hirten
bei einem einfachen Stall angekommen. Und alle
spüren: Dies ist der Ort, von dem der Engel sprach.
Zögernd gehen die Hirten hinein und Sara mit ihnen.
Und wirklich: Da ist das neugeborene Kind. Es liegt
in der Futterkrippe, eine junge Frau und ein Mann
stehen bei ihm. Die Hirten gehen auf die Knie.

Sara schaut sich im dunklen Stall um. Da sind
noch viele weitere Menschen, die still und andächtig
dastehen. Und, sie traut ihren Augen kaum, ganz
hinten im Stall entdeckt sie ihre Eltern und Ge-
schwister. Leise geht sie zu ihnen und umarmt sie.

Sara ist erleichtert und traurig zugleich. Sie ist
wieder zu Hause, aber sie hat kein Öl für die Lampe
gefunden. Still steht sie bei ihrer Familie und schaut
zu, wie die Hirten dem Kind und seinen Eltern ihre
Geschenke überreichen. Nun geht auch Onkel Natanael auf Maria und Josef zu. Traurig sagt er zu

ihnen: «Leider habe ich kein Geschenk für euer Kind. Ich bin ein armer Mann. Und gestern ist mir meine Öllampe heruntergefallen und zerbrochen. So gehört mir jetzt nichts mehr ausser diesem Kännchen mit Öl, das ich mitgebracht habe. Aber so dunkel, wie es im Stall ist, habt wohl auch ihr keine richtige Lampe und das Öl nützt euch wahrscheinlich nichts.»

Sara wird es warm ums Herz. Schnell nimmt sie ihre Lampe und geht zur Krippe. Sie streckt Onkel Natanael die Lampe entgegen und sagt: «Ich habe das, was dir fehlt. Mit deinem Öl und meiner Lampe wird es hell werden im Stall.» Vorsichtig füllt Natanael sein Öl in Saras Lampe. Wie sie den Docht anzünden, verbreitet sich ein warmer Schein – und es ist, wie wenn auch Freude und Hoffnung neu aufleuchten und auf alle überspringen.

Werner Schneebeli

DER RETTENDE STALL

Diese Weihnachten im Jahr 1996 sollten Martha und Sepp Fischer nicht mehr vergessen. Eigentlich hatte das junge Ehepaar alles wie in früheren Jahren geplant. Es gab nur einen Unterschied: Martha war schwanger und die beiden erwarteten auf Mitte Januar ihr erstes Kind. Sepp musste daher viel mithelfen bei den Weihnachtsvorbereitungen: Geschenke besorgen, «Guezli» backen und die Wohnung dekorieren, was nicht gerade zu seinen Lieblingsbeschäftigungen gehörte. Aber im Lauf der Adventszeit entwickelte er eine zunehmende Freude an Engeln, bis es selbst Martha zu viel wurde, als ihr Mann den 57. Engel auf dem Büchergestell platzierte mit den Worten: «Nun sind wir ganz umgeben von den himmlischen Heerscharen.»

Um Martha etwas Ruhe zu ermöglichen, planten die zwei noch einige Tage Entspannung im Prättigau, in der Nähe von Klosters. Sepps Eltern hatten dort

BESSER.

ein Ferienhaus. In den Bündner Alpen fiel in diesem Dezember unüblich viel Schnee und es schneite auch während der Tage, die Martha und Sepp im Ferienhaus verbrachten. Das störte die beiden aber keineswegs. Am Nachmittag des 23. Dezembers traten sie die Rückfahrt an, nachdem die Gemeindearbeiter die Strassen von den Schneemassen befreit hatten.

Guten Mutes machten sie sich auf den Heimweg. Die Sicht war schlecht und im Schneegestöber kamen sie nur langsam voran. Plötzlich nach einer Kurve bäumte sich vor ihnen eine weisse Wand auf. Sepp ging auf die Bremsen, doch schon schlitterten sie in den Schneeberg, der vor ihnen lag. Eine gewaltige Lawine hatte die Strasse verschüttet. An ein Durchkommen war nicht zu denken. Und als ob das Schicksal mit ihnen spielen wollte, sprach der Nachrichtensprecher aus dem Autoradio in die Stille hinein: «Die Strasse zwischen Landquart und Klosters bleibt wegen Lawinenniedergängen für jeglichen Verkehr geschlossen. Verkehrsteilnehmer, die zurzeit noch unterwegs sind, sollen im nächstliegenden Dorf eine Unterkunft suchen.» Martha und Sepp blickten einander mit grossen Augen an. Martha fand als erste die Sprache wieder: «Gut, wir sind gesund, unser Kind auch», bei diesen Worten strich sie sich mit beiden Händen über den Bauch. «Der Motor läuft noch und das Heer der Engel muss eben zu Hause ohne uns den Heiligen Abend feiern. Kehren wir um.»

Sepp versuchte vergeblich, aus der Schneemasse herauszukommen. Das Auto sass fest. «Engel können doch fliegen», murrte er. «Sie sollen kommen und schieben, alle 57! Zu was sind sie denn sonst nütze, diese Engel.» Martha musste lachen, doch im selben Moment wurde sie feuerrot und sprang, so schnell das mit ihrem Bauch möglich war, aus dem Auto. Ein nasser Fleck auf dem Sitz blieb zurück. Die Aufregung und das Lachen hatten bewirkt, dass die Fruchtblase geplatzt war. Sepp stieg nichtsahnend aus und blickte auf die zur Hälfte im Schnee steckende Kühlerhaube. «Die Fruchtblase ist geplatzt», sagte Martha. «Was?» Sepp schien nicht zu begreifen. «Die Fruchtblase», wiederholte Martha und zeigte auf ihre nassen Jeans. Sepp wurde bleich. «Jetzt haben wir ernsthaft ein Problem. Ich denke, du solltest dich zuerst trocken anziehen und ich versuche inzwischen, Hilfe zu organisieren.» Nervös machte sich Sepp auf den Weg zurück durch den bereits wieder einige Zentimeter dicken Schnee auf der Strasse – in der Hoffnung, bis zum nächsten Haus an der Strasse durchzukommen. Bis er auf eine weitere weisse Wand traf. Ein Schneerutsch hatte in der Zwischenzeit auch hinter ihnen die Strasse verschüttet und verunmöglichte den Rückweg. Zurück beim Auto – Martha war wieder trocken angezogen – realisierte er, dass es bereits einzudunkeln begann. Eine Nacht im Auto schien vor ihnen zu liegen und was, wenn die Wehen einsetzten? Da hörten sie plötzlich vertraute Klänge. Nicht aus dem Autoradio, sondern von irgendwo da draussen erklang «Macht hoch die Tür, die Tor macht weit, es kommt der Herr der Herrlichkeit». «Die Engel», sagte Martha, «deine 57 Engel.»

Zur selben Zeit sass der Bauer Andreas Bürgi in jenem kleinen Teil seines Winterstalles, den er zum

Wohnen ausgebaut hatte. Er hielt sein «Schwiizerör-geli» in der Hand und übte ein paar Weihnachtslie-der. Zurzeit wusste er nicht, ob er mit seiner neun-jährigen Tochter zur Weihnachtsfeier nach Hause zurückkehren konnte. Er war am Morgen für ein paar Reparaturarbeiten zum Stall aufgebrochen, Ruth hatte ihn begleitet. Doch wegen des starken Schneefalls sassen sie nun fest. Für den Fall, dass sie hierbleiben mussten, wollte Ruth den kleinen, durch eine Petrollampe spärlich erhellten Raum et-was weihnachtlich schmücken. Sie wusste von einer alten Krippe in einer kleinen Seitenkammer, in der ausgediente Gegenstände aufbewahrt wurden. Und tatsächlich, fast alles konnte sie finden: Maria, Josef, Hirten, Schafe, einen Esel, ein Rind, alles kunst-voll aus Holz geschnitzt. Nur das Jesuskind blieb verschwunden. «Hör auf zu suchen», rief der Vater, «nimm deine Flöte und komm. In diesem Durchein-ander wirst du den kleinen Jesus kaum finden. Wir üben noch ein Weihnachtslied.» «Ohne das Jesuskind kann es nicht Weihnachten werden», gab Ruth zu-rück. «Wir werden schon einen Jesus für deine Krippe finden, komm jetzt.» Doch Ruth kam innerlich nicht zur Ruhe und leise schickte sie ein Stossgebet zum Himmel: «Lieber Gott, lass mich doch das Jesus-kind finden!» Dann nahm sie die Flöte und gesellte sich zu ihrem Vater. Der sah ihren traurigen Blick und nahm sie kurzerhand auf die Knie. Sie schaute ihn an: «Sag, gehen Gebete in Erfüllung?» «Hm», meinte der Vater und dachte nach, «schon, aber die Erfüllung sieht nicht immer so aus, wie wir sie uns vorgestellt haben.»

In diesem Moment klopfte es an die Tür. Vater und Tochter blickten erstaunt auf. Andreas Bürgi legte seine Handorgel zur Seite, ging zur Tür und öffnete. Draussen standen zwei verschneite Gestalten. Nachdem Martha und Sepp Fischer das Weihnachtslied gehört und dort, wo das Lied herkam, auch einen schwachen Lichtschimmer gesehen hatten, waren sie mutig in ihre Schneeschuhe gestiegen und hatten sich querfeldein bis zum Stall von Andreas Bürgi durchgeschlagen.

«Guten Abend», sagte Sepp, «können Sie uns Unterschlupf geben? Wir sind auf der Heimfahrt steckengeblieben und können weder vorwärts noch zurück. Sie sind unsere einzige Hoffnung.» «Ja, ja», brummte Andreas Bürgi etwas verärgert, «und in der Herberge konnten sie keinen Platz mehr finden. Fehlt nur noch, dass Ihre Frau ein Kind erwartet und …» «Sie werden es kaum glauben», unterbrach ihn Sepp, «aber das tut sie tatsächlich.» «Jetzt machen Sie keine Witze und kommen Sie in unser bescheidenes Zuhause. Das Feuer im Ofen ist nicht für das ganze Prättigau bestimmt.» «Das ist kein Witz», sagte Martha, nachdem sie im Zimmer standen. Sie öffnete den Mantel und strich mit der Hand über ihren Bauch. «Da ist ja das Jesuskind!», rief Ruth und wurde feuerrot, als die Erwachsenen sie etwas entgeistert ansahen. Andreas Bürgi bat die zwei, sich zu setzen, und Ruth brachte Brot, Käse und Tee.

Die Situation war ernst. Die vier waren von der Umwelt abgeschnitten und niemand konnte wissen, für wie lange. Andreas Bürgi richtete ein Lager mit Stroh für das junge Ehepaar her, auch Essen hatten sie für ein paar Tage genug im Stall, aber Geburtshelfer war er nicht, obwohl er schon mancher Kuh beim Kalbern geholfen hatte. Nun, irgendwie musste das alles gehen. In der kommenden Nacht blieb es ruhig. Aber es schneite und schneite weiterhin. Am Heiligen Abend spielte Andreas Bürgi auf seiner Handorgel und Ruth begleitete ihn mit der Flöte. Der Bauer erzählte die Geschichte von Maria und Josef, wie sie nach Betlehem zogen und dort ihren ersten Sohn in einem Stall zur Welt brachten. Er erzählte von den Hirten, die mitten in der Nacht von Engeln die frohe Kunde erhielten, dass dieses Kind der ersehnte Retter und Friedensbringer sei. Er erzählte von den weisen Sterndeutern, die den neuen König nicht in den Zentren der damaligen Welt finden konnten, sondern am Rand, in der Einfachheit, in einem Unterschlupf für Tiere.

Und in dieser Nacht brachte Martha ihr Kind zur Welt. Andrea sollte das kleine Mädchen heissen. Ruth half ihrem Vater so gut es ging und Sepp war trotz Geburtsvorbereitungsbuch total überfordert. Doch die Geburt verlief ohne Komplikationen und am Weihnachtstag strampelte die kleine Andrea in Handtücher gewickelt in ihrem Strohbettchen, umgeben von glücklichen Eltern, einem stolzen Geburtshelfer und bewundert von Ruth, die die Kleine immer wieder halten durfte. Und als Ruth das Neugeborene in ihren Armen hielt, begann sie zu begreifen, weshalb Gott an Weihnachten als kleines Kind in die Welt gekommen war, angewiesen auf Fürsorge, Schutz und Liebe.

Erst am 27. Dezember war die Strasse von den Schneemassen befreit und ein Sanitätsteam brachte Martha und ihr Kind ins Spital.

Jetzt erst erinnerte sich Ruth an ihre Krippe. Das Jesuskind fehlte noch immer, aber Ruth war rundum glücklich. Sie schaute ihren Vater an: «Du hast recht, Gott erfüllt unsere Bitten, aber meist ganz anders, als wir es erwarten. Nämlich viel, viel besser.»

Hansruedi Fürst

EIN STÜCK HIMMEL
AUF ERDEN

Bianca war gerade fertig mit Kochen, als Salvatore nach Hause kam. Das junge Paar, das in einem Vorort von Rom wohnte, war erst seit kurzem verheiratet. Bianca arbeitete als Sekretärin im Sozialamt, Salvatore hatte eben seine Ausbildung bei den Carabinieri, der Polizei, abgeschlossen. Als er hereinkam, schaute sie nur kurz auf, aber merkte gleich, dass Salvatore schlechter Laune war. «Ciao Bella!», rief er wie gewohnt, aber seine Stimme klang anders als sonst. «Ciao Bello», rief sie zurück, «wie geht's denn meinem Superman?» «Schlecht! Ich habe eben meinen Einsatzplan für den Dezember erhalten: Ich muss an Weihnachten arbeiten! So ein …!» «Dafür hast du doch sicher über Neujahr frei?» «Eben auch nicht! Ich muss an Silvester arbeiten, es sind so viele in den Ferien.» «Dann machen wir uns eben dazwischen oder Anfang Jahr ein paar gemütliche Tage. Das schaffen wir schon!» Bianca wagte nicht zu sagen, dass sie sich auf ein paar ruhige Weihnachtstage gefreut hatte.

Als sie ein paar Tage später zur Arbeit kam, empfing sie ein mürrischer Chef. «Jetzt hat schon wieder jemand abgesagt für die Weihnachtsfeier in Trastevere!» Bianca konnte mit diesen Worten nicht viel anfangen. Sie arbeitete noch nicht so lange im Sozialamt. «Aha, gibt es dort eine Weihnachtsfeier für die Mitarbeiter? Davon wusste ich nichts ...» «Nein», entgegnete der Chef, «es geht um die Weihnachtsfeier in der Kirche!» «Seit wann haben wir denn mit Weihnachten in der Kirche zu tun? Das ist doch die Sache der Pfarrer!» «Es geht um eine ganz besondere Weihnachtsfeier. Wir laden jedes Jahr obdachlose und suchtkranke Menschen zu einem Festessen in die Kirche Santa Maria in Trastevere ein. Es wird aber immer schwieriger, Freiwillige für diesen Tag zu finden. Und wenn man einmal meint, rechtzeitig Leute angesprochen und dafür gewonnen zu haben, kommt es wieder anders, als man denkt. Mir reicht's langsam!» Und dann kam für Bianca völlig unerwartet die Frage: «Hab ich Sie eigentlich schon einmal gefragt, ob Sie das machen würden? Sind Sie an Weihnachten überhaupt hier?» «Ja, ich bin hier.» «Könnten Sie vielleicht in die Lücke springen?» Bianca überlegte einen Moment. Dann sagte sie: «Sie haben Glück. Mein Mann muss an Weihnachten arbeiten. Eigentlich hatten wir etwas anderes vor. Aber wenn Sie nun fragen – warum nicht. Ich weiss zwar nicht, was mich erwartet, aber das wird sich ja zeigen.»

Am nächsten Morgen stand auf ihrem Schreibtisch ein kleiner Blumenstrauss. Daneben lag ein Zettelchen: «Zum Dank für Ihre spontane Zusage betreffend Weihnachtsfeier.» Darunter der Name ihres Chefs.

Als Erstes beschloss Bianca, sich diese Kirche einmal anzusehen. Sie war zwar in der Nähe von Rom aufgewachsen, aber noch nie in der Kirche Santa Maria in Trastevere gewesen. Sie war auch keine Kirchgängerin, einfach, weil sie bis jetzt keinen Anlass dazu gesehen hatte. Eines Tages machte sie also früher als sonst Feierabend und fuhr mit dem Bus ins Viertel Trastevere. Eine alte Häuserfassade und eine kleine Piazza empfingen sie. Es war, als käme sie in ein Dorf mitten in der Stadt. Als sie über den Platz gehen wollte, kamen schon die ersten Bettler auf sie zu, Kinder und junge Mütter mit Babys. Ihre schlechten Zähne und Kleider sprachen Bände. Was war wohl der Grund, dass sie bettelten? Was hatte sie aus dem Gleis geworfen?

Es ging bereits auf den Abend zu, Bianca musste sich zuerst an das Dämmerlicht in der Kirche gewöhnen. Doch bald erkannte sie, wohin sie auch sah, überall Mosaike. Über ihr, in luftiger Höhe, eine vergoldete Kassettendecke, unter ihr Steinplatten in unterschiedlichen Farben, ausgelegt zu schönen Mustern. Gross war die Kirche, hoch und erhaben. Da hat es ja Platz für Hunderte von Menschen, schoss es Bianca durch den Kopf.

Auf einmal begannen die Mosaike vorn in der Kirche in ihrer ganzen Farbenpracht zu glitzern und zu leuchten. Ein Mönch hatte Licht gemacht. Nun kam er mit einer Reisegruppe nach vorn.

«Pietro Cavallini heisst der Künstler, dessen Mosaike Sie hier sehen», erklärte er. «Er hat die Bilder um

1291 erschaffen. Sie stellen die Weihnachtsgeschichte dar. Von Pietro Cavallini wissen wir nicht viel, aber er gehört zu den grössten Künstlern seiner Zeit. Er war fasziniert von den byzantinischen Künstlern, die ihre Figuren immer auf goldenem Hintergrund zeigten. Hier sehen wir auch Maria und Josef, die Engel und Hirten auf goldenem Hintergrund. Stilisiert dargestellt hat Cavallini Dinge wie einen Berg oder eine Höhle, als wären diese nicht so wichtig. Wichtig sind die Personen, wichtig ist das, was geschieht, wichtig ist der Hintergrund. Im Hintergrund dieser Menschen steht etwas besonders Kostbares: Gott. Kein blauer Himmel, sondern ein Glitzern und Leuchten, das nicht von den Menschen ausgeht, sondern ein Licht spiegelt, das von anderswo herkommt.

Wenn Sie sich vorstellen, aus wie vielen Steinchen ein Mosaik oder schon nur eine Figur besteht, erkennen Sie den Meister, der uns hier eines seiner Meisterwerke hinterlassen hat. Schauen Sie, mit welcher Sorgfalt er den Faltenwurf der Kleider darstellt, wie elegant er die Tiere gestaltet hat. Jedes Steinchen hat seinen Platz. So, wie der Meister des Lebens auch jedem von uns seinen Platz zugewiesen hat.»

Bianca schaute auf die Uhr. Sie hatte die Zeit vergessen, so fasziniert war sie von diesen Bildern und dem Künstler.

«Denken Sie daran», hörte sie den Mönch noch sagen, «dass diese Kunstwerke nie von einer Hand allein geschaffen wurden. Da waren unzählige Arbeiter, Handlanger und Gesellen beschäftigt, Steine zu zerkleinern, zu sortieren, herbeizutragen und einzufügen. Ihre Namen kennen wir nicht mehr, aber den

Namen des Meisters, dem sie dienten. Unsere Namen werden auch bald vergessen sein, nicht aber der Name dessen, in dessen Dienst wir stehen. Ohne unsere Mithilfe kann er sein Werk nicht vollenden.»

An diesem Abend erzählte Bianca Salvatore, was sie gesehen und erlebt hatte. Wie anders klang es im Unterschied zu dem, was Salvatore den Tag über erlebt hatte!

Es gab viel vorzubereiten für die Weihnachtsfeier. Doch Bianca war nicht allein dafür zuständig. Im Gegenteil. Sie staunte, wie viele bereit waren, mitzuhelfen. Am Weihnachtstag stellten die einen Tische und Stühle in der Kirche auf, andere dekorierten die Tische, wieder andere schafften Teller, Besteck und Gläser herbei. Dann war es endlich so weit. Die Tische waren gedeckt, die Kerzen leuchteten, die Getränke standen bereit, jetzt fehlten nur noch die Gäste. Im Hintergrund lief Musik.

Kaum begann es einzunachten, kamen die ersten Gäste, hinkend die einen, zögernd die andern. Die einen brachten ihre wenigen Habseligkeiten in Plastiksäcken und Pappkartons mit. Andere hatten sich noch etwas herausgeputzt. Bianca kannte niemanden. Sie staunte nicht schlecht, als die Kirche immer voller wurde. Es hatte sich herumgesprochen, dass es hier etwas zu essen gab. Keiner liess sich das zweimal sagen in diesen kalten, grauen und düsteren Tagen. Einmal für ein paar Stunden Wärme, einmal wieder eingeladen zu sein, nicht allein zu sein, gefragt zu sein, das war ein seltenes Glück.

Auf einmal begann es verführerisch gut zu duften in der Kirche. Das Essen wurde aufgetragen. Eine er-

staunliche Veränderung geschah mit den Menschen.
Es war, wie wenn sie ihre Würde wieder entdeckten.
Sie bedienten sich höflich gegenseitig, unterhielten
sich freundlich und genossen die Speisen. Für einmal standen sie im Mittelpunkt einer Feier und kein
Wohltäter oder Priester hielt eine Rede oder gab gute
Ratschläge. Da und dort beobachtete Bianca, wie
sich jemand eine Träne abwischte, wie manche leise
mitsummten zu den bekannten Weihnachtsliedern
oder andere glücklich ihren Kaffee schlürften.

Aus allen Richtungen, aus ihren provisorischen
Behausungen und Verschlägen waren sie gekommen.
In alle Richtungen, in ihre provisorischen Behausungen und Verschläge zerstreuten sie sich nachher
wieder. Als Bianca spät abends nach Hause fuhr,
war ihr, als hätte sie ein Stück Himmel auf Erden
gesehen, als hätten nicht nur die goldenen Mosaik-
steinchen geleuchtet, sondern genauso die Augen der
Menschen, die da gewesen waren. Und sie hatte das
Gefühl, die Kirche sei wieder ärmer geworden, seit
die Menschen die Kirche verlassen hatten. Sie bereu-
te es kein bisschen, dass sie zugesagt hatte, bei der
Weihnachtsfeier mitzuarbeiten. Auch für sie war es
an diesem Abend Weihnachten geworden.

Matthias Müller Kuhn

DER BAHNHOFSENGEL

«Seht, ich verkündige euch grosse Freude …» Ihm ist, als flüstere eine Stimme diese Worte in sein Ohr, während er durch die leere Bahnhofshalle geht. Er schaut auf und sieht direkt über sich den bunten Engel schweben, der von einer bekannten Künstlerin geschaffen wurde und schon fast zum Wahrzeichen der Stadt geworden ist. Wie von einer unsichtbaren Hand angehalten, bleibt er stehen. Plötzlich bricht es aus ihm heraus, er schleudert seine Wut zum Engel hinauf: «Warum quälst du mich mit diesem Fest? Die glücklichen Familien sitzen in ihren warmen Stuben und ich irre in der Stadt umher und finde keinen Frieden. Warum ist dieser Sturm losgebrochen? Was habe ich falsch gemacht, dass meine Frau mich nicht mehr liebt? Warum musste ich aus dem Haus ausziehen und mich von der Familie trennen? Das ist kein Leben, allein in diesem dunklen, schäbigen Zimmer am Stadtrand. Wie sehr vermisse ich meine Kinder!

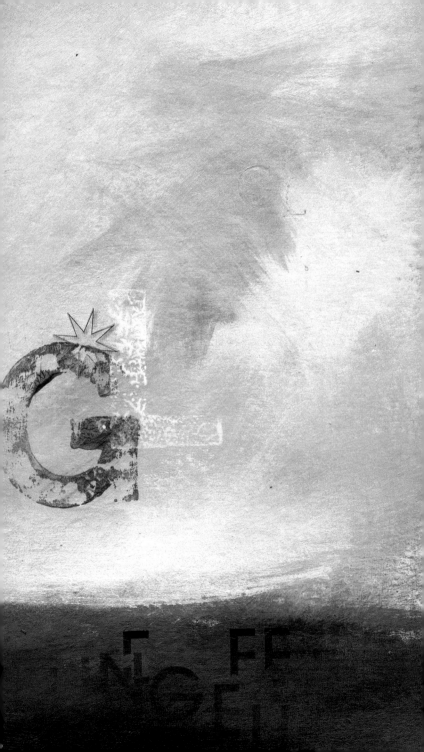

Aber du, Engel, bleibst stumm und sagst mir nichts!»
Langsam geht er weiter, wischt mit dem Ärmel des
Wintermantels seine Tränen von den Wangen.

Da sieht er die alte Frau. Sie steht vornüber ge-
beugt an der Ecke vor dem Kiosk und stützt sich auf
einen vor ihr stehenden Rollstuhl. Sie wirkt müde,
doch ihre Augen sind klar und hell. Mit ihrem sorg-
sam milden Blick begleitet sie die vorübergehenden
Menschen und gibt ihnen ihr Mitgefühl mit auf den
Weg, als würde sie ihnen einen unsichtbaren warmen
Schal um den Hals legen. Er fühlt sich angezogen,
geht auf die Frau zu, ohne zu zögern, so bestimmt,
dass er selbst über sich staunt, da er sich sonst eher
als schüchternen Menschen kennt, und spricht sie
ohne Umschweife an:

«Es ist kalt heute Nacht! Darf ich Sie zu einer
warmen Suppe einladen?»

Sie schüttelt den Kopf, schaut ihn lange und
eindringlich an, bis ihr Blick fortgleitet und einem
Reisenden folgt, der einen schweren Koffer zieht.

«Entschuldigung, ich dachte nur, heute, am Heiligen Abend, würden Sie auch mal gern an der Wärme
essen.»

Sie lächelt ihm zu, dann nickt sie, geht mühsam
um den Rollstuhl herum, um sich langsam hinein-
gleiten zu lassen. Er lächelt zurück und erklärt:

«Wir gehen ins Restaurant am Bahnhofplatz.»

Sie nickt abwesend, während ein Glücksgefühl
ihn durchströmt wie eine helle, mitreissende Welle.
Er stösst den Rollstuhl. Die Lichter der Weihnachts-
beleuchtung beginnen zu tanzen. Man nennt sie den
Bahnhofsengel. Seit Jahren steht sie jeden Tag am

gleichen Ort bei den Gleisen, um die Leute zu segnen, die kommen und gehen, wie sie selbst einmal erklärte. Tausenden von Pendlern ist sie schon aufgefallen und alle waren sich einig, dass eine stille Kraft von ihr ausgeht.

Sie sind beim Restaurant angelangt, er stösst die Tür auf, zieht den Rollstuhl rückwärts in das edle Lokal, in dem noch einige wenige Gäste an den mit weissen Tüchern bedeckten Tischen sitzen. Er bestellt zwei Teller Gemüsesuppe, behutsam versucht er, mit der Frau ins Gespräch zu kommen. Sie schweigt, er will nicht aufdringlich sein, ihr zustimmender Blick jedoch ermuntert ihn, von seinen beiden Töchtern, von seinem Trennungsschmerz und seiner zaghaften Hoffnung zu erzählen. Ihm fällt auf, dass am gegenüberliegenden Tisch einige Gäste ihre Köpfe zusammenstecken und neugierig zu ihm hinüberschauen. Ein Mann steht auf und nähert sich ihm, erst als er direkt vor ihm steht, erkennt er seinen Chef. Mit einem spitzen, leicht verächtlichen Lächeln wünscht der Chef ihm schöne Weihnachten:

«Sind Sie in Begleitung Ihrer Mutter?» Beim Weggehen lässt er wie nebenbei fallen: «Nächstes Jahr werden schwierige Zeiten anbrechen!» Sein Chef hat ihm in letzter Zeit das Leben schwer gemacht, braut sich auch an seiner Arbeitsstelle ein Gewitter zusammen?

Die Frau hat inzwischen die Suppe ausgelöffelt, ihr Gesicht hat sich aufgehellt und sie vermag auch die dunklen Sorgenwolken zu verscheuchen, die sich wieder über ihm aufgetürmt haben. Als jemand das

Lokal betritt, hört man draussen die Kirchenglocken läuten.

«Kommen Sie mit? Die Christnachtfeier wird ausgeläutet, ich möchte noch einen Blick in die Kirche werfen.»

Er schiebt den Rollstuhl gegen den Strom der Leute, die aus der Kirche kommen. Plötzlich löst sich ein Mädchen aus der andächtig gestimmten Menschenmenge, rennt auf ihn zu, umarmt ihn und flüstert:

«Papa, warum warst du nicht bei uns? Ich hab dich so vermisst!» «Anna, du weisst doch, wir haben abgemacht, dass wir uns nächstes Wochenende sehen. Geh jetzt zu deiner Mutter, bitte!» In sicherer Entfernung steht seine Frau, in deren Gesicht man ihre Verärgerung lesen kann: «Warum lässt du dich hier blicken, willst du uns den Abend verderben?»

Anna lässt ihren Papa nicht los, sie fragt: «Wer ist diese alte Frau?» Er flüstert ihr ins Ohr: «Es ist ein Engel!» «Aber wo sind ihre Flügel?»

Jetzt kommt Annas ältere Schwester, sie blickt nicht auf, nimmt Anna an der Hand und führt sie zur Mutter zurück, die ungeduldig wartet. Er reisst seinen Blick von den zwei Kindern los, stösst den Rollstuhl über die Schwelle der Kirche. Im dunklen Raum schimmern die Glasfenster, die von aussen beleuchtet sind. Maria wiegt das Kind sanft in ihren Armen, über ihr schwebt Jesus mit ausgebreiteten Armen am Kreuz. So tief hat er es noch nie empfunden: In dieser Nacht begegnen sich Freude und Schmerz, Geburt und Kreuz! Und staunend sieht er, dass im obersten Teil des Fensters ein Engel auffliegt. Die alte Frau hebt ihren Arm und zeigt in die Höhe: «Der Engel fliegt in den Himmel!»

Als er drei Tage später mit seinen Kindern zusammen ist, bestürmt ihn Anna: «Papa, ich möchte den Engel besuchen, du hast ja gesagt, dass die Frau immer am Bahnhof ist.» Er kann Anna den Wunsch nicht abschlagen. Sie betreten die grosse Bahnhofshalle, doch die Frau ist nirgends zu sehen. Er fragt die Verkäuferin am Kiosk, die etwas ungehalten entgegnet: «Die Frau habe ich schon lange nicht mehr gesehen, sie ist ja auch schon alt, da weiss man nie!» Da reisst sich Anna von der Hand ihres Vaters los, wirft sich auf den Boden und beginnt zu weinen. Erschrocken beugt er sich über sie, nimmt sie behutsam in die Arme. Sie drückt ihr Gesicht gegen seinen Mantel und schluchzt: «Es gibt keinen Engel, der uns hilft!» Er streicht ihr übers Haar und flüstert ihr ins Ohr: «Anna, ich habe es am Weihnachtsabend selbst erlebt; Engel sind für uns da und trösten uns – auch wenn wir sie nicht sehen!»

Alex Nussbaumer

WEIHNACHTSLICHT

Ich hatte mir zwar vorgenommen, keine guten Vorsätze mehr fürs neue Jahr zu fassen. Am eben vergangenen Neujahr machte ich eine Ausnahme. Ich nahm mir vor, mich um die Verbesserung der kühlen und distanzierten Stimmung in unserem Wohnblock zu bemühen. Als Erstes wollte ich das Ehepaar Keller besuchen. Im Oktober war es in die Dreizimmer-Wohnung gleich über mir eingezogen. «Lea und David Keller» stand auf dem Schild neben dem Klingelknopf; dass beide Namen vermerkt waren, fand ich sympathisch. Das Alter der beiden war schwer zu schätzen, sie standen irgendwo in der zweiten Lebenshälfte. Herr Keller war blind, ich sah ihn regelmässig werktagmorgens mit seinem weissen Stock das Haus verlassen. Frau Keller grüsste meist freundlich, aber sie wirkte eigenartig distanziert. Ich hörte die anderen Hausbewohner schon über sie tuscheln. Ich beteiligte mich nicht

an ihrem Mutmassen. Ich wusste nur, dass es mir
noch nie gelungen war, mit ihr zu reden, während
ich mit ihm schon – zwar recht belanglose – Treppenhausgespräche geführt hatte.

Am ersten Samstagnachmittag im Januar sass
ich also im gutbürgerlich-gemütlich eingerichteten
Wohnzimmer des Ehepaares Keller. Vor dem Fenster tanzten Schneeflocken. Auf dem Clubtischchen
standen Kaffee, Konfekt und eine brennende Kerze.
Wie ein Sehender hatte mir David Keller sein Gesicht
zugewandt. Erst eine sanfte Wischbewegung, mit der
er die vor ihm stehende Kaffeetasse fand, wies auf
seine Blindheit hin.

Lea Keller rumorte in einem der anderen Zimmer
herum. Ich wandte mich in Richtung der Geräusche.
«Meine Frau setzt sich nicht zu uns, sie ist anderweitig
beschäftigt.» Enttäuschung stieg in mir hoch. Doch
bevor ich sie äussern konnte, erklärte Herr Keller:
«Sie hört nichts. Ich berichte ihr dann nachher von
unserem Gespräch. Sie kann mir sehr gut von den
Lippen ablesen.» Meine Enttäuschung verflog. Be-
schämt dachte ich an meine Verdächtigungen.

Nach einem kurzen Vorgeplänkel im Stil unserer Treppenhausgespräche begann David Keller aus
seinem Leben zu erzählen: «Retinopathia Pigmen-
tosa – ein klangvoller Name, nicht wahr? So heisst
die heimtückische Krankheit, die mir das Augenlicht
geraubt hat. Meine Frau wurde nach einer Opera-
tion mit hohen Dosen von Antibiotika behandelt, was
einen Gehörsturz zur Folge hatte. Wir heirateten vor
zweiunddreissig Jahren, sehend und hörend. Trotz
unserer Behinderungen können wir gut miteinander

kommunizieren, wir haben uns längst an diesen Zustand gewöhnt.

Meine Sehstörungen begannen damit, dass ich nachts über einen Abfalleimer stolperte und der Länge nach hinfiel. Dann hatte ich, ebenfalls nachts, zwei Fahrradunfälle. Später fühlte ich mich auch tagsüber immer unsicherer. Frühere Nachbarn entschuldigten sich einmal bei mir. Sie hatten mich für einen Alkoholiker gehalten, als sie mich mehrmals am Morgen aus dem Haus torkeln sahen.»

Mir kamen meine negativen Gedanken über Frau Keller in den Sinn, aber ich sagte nichts.

«Die Krankheit nahm ihren unaufhaltsamen Verlauf. Bald konnte ich nur noch mit dem Vergrösserungsglas lesen. In meinem Gesichtsfeld zeigten sich trübe Flecken, mit der Zeit sah ich nur noch hell und dunkel, jetzt habe ich gar kein Lichtempfinden mehr.»

Eine Pause entstand. Wir nahmen beide einen Schluck Kaffee. Dann setzte er seinen Lebensbericht fort: «Nach meiner Lehre als Automatendreher hatte ich immer gute Stellen. All meine Wünsche erfüllten sich, ich hatte gute Freunde, ich fand in Lea die Frau, die ich liebe. Als meine Augenprobleme einsetzten, verschwanden die meisten meiner Freunde. Wenige blieben, still im Hintergrund, bereit, mir beizustehen. Wenn ich hätte voraussagen müssen, welches diese wirklich treuen Freunde seien, hätte ich bei den meisten falsch getippt. Diese echten Freunde gefunden zu haben, ist eine der positiven Seiten meiner Behinderung.»

Der Kaffee war nur noch lauwarm. Aber ich hörte so gebannt zu, dass ich sowieso zu trinken vergass.

«Kurz nach meiner Erblindung habe ich mich ein-

mal für einen Kurs über Widersprüche in der Bibel
angemeldet», erzählte Herr Keller. «Ich haderte mit
dem Schicksal und dachte, ich könnte Halt im Glauben finden. Doch ich besuchte den Kurs nicht bis
zum Ende, denn die theologischen Spitzfindigkeiten
halfen mir nicht weiter. Ich suchte Licht für mein
Leben – das Licht von Weihnachten und Ostern.»

David Keller versank für einen Moment in Nach-
denken. Dann erhob er sich langsam, ging zum
Büchergestell und nahm einen von fünf auffällig
grossen und dicken Bänden hervor. «Das ist meine
Blindenschrift-Bibel. Meistens liest mir zwar meine
Frau aus der Bibel vor, aber ich bin froh, dass ich
auch allein lesen kann. Am Glauben ist mir wichtig geworden, dass jemand da ist, an den ich mich
wenden kann.» Er öffnete das Buch, fuhr mit den
Fingern über die Braille-Zeichen, blätterte einige
Male und sagte schliesslich: «Sehen Sie, hier ist die
Weihnachtsgeschichte.» Mit den Fingern fuhr er über
die Zeilen und bewegte leicht die Lippen: «Hier!
Vor allem die Stelle, als die Hirten das Licht sahen,
fasziniert mich immer wieder.»

Dann stellte er den Band ins Büchergestell zurück, setzte sich wieder und sagte: «Zum Thema
Weihnachtslicht muss ich Ihnen noch etwas erzählen, was mich immer noch sehr beschäftigt. Kurz vor
Weihnachten bekamen wir einen Brief von einer uns
unbekannten Frau aus unserer Nachbarschaft. Meine
Frau hat ihn mir vorgelesen. Er lautet etwa so:

Liebe Frau und Herr Keller, Sie kennen mich
nicht, und ich kenne Sie nur von weitem. Ich

sah Sie schon oft miteinander spazieren und dabei lachen. Dass Sie trotz Ihrer Behinderung so fröhlich sind, beeindruckt mich. Mir geht es anders. Vor einigen Tagen hatte ich mich entschlossen, Weihnachten nicht mehr zu erleben. Da sah ich Sie auf Ihrem Spaziergang, hörte Sie wieder lachen. Dieses Lachen versetzte mir einen Stich ins Herz. Jetzt willst du dein Leben fortwerfen, sagte ich mir, während diese taube Frau und ihre blinder Mann sich trotz allem an ihrem Leben freuen können? Glauben Sie mir: Dank Ihnen gehe ich gelassener auf Weihnachten zu. In den letzten Jahren war es bei mir gerade in dieser Zeit besonders dunkel. Sie haben mir das Weihnachtslicht gebracht. Mit diesem Brief möchte ich mich bei Ihnen bedanken.»

Während des Zuhörens versuchte ich mir vorzustellen, was diese Zeilen beim Ehepaar Keller ausgelöst haben mochten. Etwas ungeschickt fragte ich: «Haben Sie sich gefreut?» – «Ich weiss nicht, ob Sie uns verstehen. Meine Frau weinte. Bei uns beiden brach die alte Frage nach dem Warum unseres Schicksals wieder auf. Wurden wir deshalb gehörlos und blind, um dieser Frau das Leben zu retten? Das kann's doch nicht sein! Wir setzten uns auf das Sofa, auf dem Sie jetzt sitzen», er zeigte in meine Richtung, «und schwiegen lange. Dann kam aber doch Freude in uns auf. Es gibt wohl keine letzte Antwort nach dem Sinn unserer Krankheiten, aber dieser Frau haben sie einen entscheidenden Impuls gegeben. Dank uns hat sie etwas vom Weihnachtslicht gesehen.»

Roman Angst

DIE VERLORENE TOCHTER

Ich verstehe kein Wort. Ich sehe nur, dass die junge Japanerin, die mir nie in die Augen sieht, vollkommen verzweifelt ist. Ich verstehe kein Japanisch, aber ihrer weinerlichen und fast geflüsterten Stimme nach ist für die junge Frau die Welt untergegangen.

Es ist zehn Uhr morgens am Weihnachtstag. Im Zürcher Hauptbahnhof ist es ruhig und ich war eher überrascht, als die Tür zum Vorraum der Bahnhofkirche plötzlich so eilig geöffnet wurde. Was soll ich nun tun? Ich brauche jedenfalls dringend jemanden, der japanisch spricht. Mein Sohn war eine Zeit lang in Japan. Ich rufe ihn an. Vielleicht kann er übersetzen. Ich hole ihn aus dem Schlaf. Am Telefon traut er sich aber die Übersetzerdienste nicht zu. Doch sein Freund Sam könne gut Japanisch.

Die junge Frau kniet inzwischen auf dem Boden und weint. Ein Häufchen Elend – und das ausgerechnet an Weihnachten.

Sam meldet sich, ebenfalls verschlafen. Ich berichte ihm, worum es geht. Nun ist er ganz wach und interessiert. Ich berühre leicht die Schulter der Frau. Zum ersten Mal schaut sie mir in die Augen. Ich zeige auf den Stuhl und bitte sie, sich zu setzen. Dann gebe ich ihr den Telefonhörer in die Hand. Langsam bewegt sie ihn zum Ohr.

Wieder verstehe ich kein Wort. Zuerst stockend, dann flüssig scheint sie Sam zu berichten. Nach einiger Zeit streckt sie mir den Hörer entgegen.

«Sam, was ist passiert?»

Mit offenem Mund höre ich Sam zu. Es ist alles andere als etwas Schreckliches passiert. Die junge Frau ist einundzwanzig Jahre alt und durfte für drei Monate in die Schweiz, um Deutsch zu lernen. Eine Familie in Zürich hat sie während dieser Zeit aufgenommen. Dort hat sie sich sterblich in den Sohn der Familie verliebt. Gestanden hat sie ihm ihre Liebe aber erst am Tag vor Heiligabend. Und, wie schön, der junge Mann hegte für sie die gleichen Gefühle.

«Erst jetzt kommt das Problem», berichtet Sam weiter. «Am 24. Dezember sollte sie nach Tokio zurückfliegen. In ihrem Glück, das sie noch ein kleines bisschen länger in Händen halten wollte, war sie der Überzeugung, dass ihr Flugticket auch am 25. Dezember noch gültig wäre. Sie verliess die Gastfamilie am 24. Dezember wie abgemacht, verbrachte aber den Rest des Tages und die Nacht mit ihrem Freund. Am 25. Dezember konnte dieser sie nicht auf den Flughafen begleiten, weil er zur Familienweihnachtsfeier mit den Grosseltern erscheinen musste. Mit viel Tränen, so hat sie mir berichtet, hätten sie sich verabschiedet. Dann ging sie zum Flughafen, wo sie feststellen musste, dass ihr Flugticket nicht mehr gültig war.»

Sam macht eine Pause. Die Japanerin schaut mich gespannt an. Ich lächle sie an.

«Warum ruft sie nicht bei ihren Eltern an? Die haben doch sicher Angst, wenn sie nicht in Tokio ankommt? Sie können ihr doch sicher helfen! Oder warum bittet sie nicht die Gasteltern um Hilfe?»

«Siehst du. Da liegt genau das Problem. Sie glaubt, ihr Gesicht zu verlieren, wenn sie ihre Dummheit den Eltern oder Gasteltern beichten muss! Das ist für sie einfach unvorstellbar. So ist das in ihrer Kultur.»

«Papperlapapp! Eltern reagieren überall auf der Welt gleich. Wenn sie von einer verlorenen Tochter hören, helfen sie. Sie kann von hier aus ihre Eltern anrufen. Ich bitte dich, mach ihr Mut dazu.»

Fast eine Viertelstunde spricht Sam mit ihr. Dann bekomme ich wieder den Hörer. Sie will jetzt die Eltern anrufen.

Sie kniet vor dem Tisch nieder und wählt die Nummer in Japan. Dann hält sie den Hörer ans Ohr und senkt sich noch tiefer. Ihre Stirn berührt fast den Boden. Leise sagt sie ein paar Sätze. Dann richtet sie langsam den Oberkörper auf und sagt – so klingt es in meinen Ohren – immer wieder «Hai!». Ihr Gesicht hellt sich mehr und mehr auf. Sie nimmt den Block, der auf meinem Tisch liegt, und einen Stift und macht sich ein paar Notizen. Mit einem Lächeln und einer unbeschreiblichen Dankbarkeit drückt sie die rote Taste. Dann reicht sie mir das Telefon und sagt laut und deutlich «Sam».

Ich gebe ihr wieder den Hörer. Sam hat zu Hause neben dem Telefon gewartet. Jetzt fliesst das Japanisch laut und deutlich. Dann geht der Hörer wieder zu mir.

«Du hast recht gehabt. Die Eltern waren froh und glücklich, von der Tochter zu hören. Sie hatten sich grosse Sorgen gemacht, als sie nicht in Tokio ankam. Sie haben dann die Gasteltern in der Schweiz angerufen. Die haben aber auch nichts gewusst, was die Sorgen der Eltern noch grösser machte. Dann ist – zum Glück – der Anruf gekommen. Sie haben der Tochter kein böses Wort gesagt und mit ihr abgemacht, dass sie via Western Union Geld für ein Rückflugticket überweisen. Der Vater hat am Schluss einfach gesagt: Wir können dann zu Hause miteinander reden!»

Ich denke für mich: Zwei Liebeserklärungen innerhalb von drei Tagen. Wenn das nicht Weihnachten ist!

Nachdem ich mit der jungen Frau bei Western Union vorbeigegangen bin, begleite ich sie noch auf den Flughafen. Für einen Flug am Abend bekommt sie einen Platz.

Beim Abschied umarmt sie mich und sagt: «Danke! Gesicht nicht verloren!»

Paul Zimmerli

DER VERSCHWUNDENE MELCHIOR

Die Idee kam mir eines Nachts in der Vorweihnachtszeit: Dieses Jahr sollten Krippenfiguren in unserer Kirche stehen. Und schon am Morgen begann ich, mit PET-Flaschen zu basteln. Dann lud ich Menschen aus der Gemeinde ein: Wer Lust hatte, sollte sich beteiligen dürfen und selbst eine Figur gestalten. Zwei, drei Hirten waren schnell vergeben. Auch die Engel waren begehrt. Sogar ein Ochse, ein Esel, ein Kamel und mehrere Schäflein fanden Patinnen und Paten. Nur für Maria, Josef und das Kind in der Krippe musste ich einige Überredungskünste aufbringen.

Bei der nächsten Anfrage sagte ich beruhigend: «Wir haben die wichtigsten Figuren schon vergeben!» «Ja, wirklich?», meinte die Frau und ich konnte ihre Enttäuschung deutlich hören. «Einen Hirten könnten wir sicher noch brauchen», versuchte ich zu trösten. «Ja, einen Hirten» überlegte sie, «und wie steht es denn mit den Weisen, den Heiligen Drei Königen?» Die Weisen! Die Könige aus dem Morgenland hatte ich völlig vergessen. Ich merkte, wie sie sich entspannte, und lachend meinte sie: «Dann mache ich den Melchior, wenn es recht ist, das ist für mich der dunkelhäutige König!» Und wie es mir recht war!

Und so kamen sie dann nach und nach im Pfarrhaus zusammen. Die Hirten, die Tiere, Josef, Maria und auch das Kind in der Krippe. Jede Figur mit viel Liebe zum Detail gestaltet und zum Leben erweckt. Der Erste, der kam, war Melchior. In ein wunderschönes rotoranges Kleid gehüllt, mit einem Turban aus demselben Stoff. Sein dunkles Gesicht strahlte Würde und Neugier aus.

Und dann ist er da, der Tag des Umzugs. Ich stehe ganz bewusst früh auf, damit ich Zeit habe, alles so zu arrangieren, wie es sein soll. Zuerst trage ich ein paar Kisten und Tücher in die Kirche, damit eine Landschaft entsteht.

Dann folgen die Hirten mit ihren Schafen. Auch das Kamel findet seinen Platz. Bevor ich die Heilige Familie in die Kirche bringe, ist Melchior an der Reihe. Aber: Er ist weg! Einfach fort! Ich bin bestürzt, verunsichert. Hat ihn jemand gestohlen? Ist er womöglich weggelaufen? Ich frage die Sekretärin, die im gleichen Haus arbeitet, ich frage meine Frau und den Sigristen. Niemand weiss etwas über Melchior, den König. Er ist spurlos verschwunden. Und in meinem Kopf kreisen die Gedanken: Wird jetzt auch im Pfarrhaus gestohlen? Ich bin ja selbst

schuld, wenn ich die Eingangstür nicht abschliesse. Dabei ist mir diese offene Tür doch wichtig ... Aber so ...?

Oder hat sich der König vielleicht unbemerkt davongeschlichen, weil er sich nicht wohl fühlte unter den Hirten und Schafen? Vielleicht hat er seine Geschichte bei Matthäus nochmals gelesen und dabei gemerkt, dass da gar nichts von einfachen Hirten und stinkenden Schafen steht. Und dann beschlossen: Da gehör ich nicht hin! Vielleicht hat er auch gemerkt, dass er der Einzige mit richtig dunkler Hautfarbe ist, und so fühlte er sich unter den andern nicht wohl in seiner Haut.

Während ich Maria, Josef und das Kind in die Kirche hinübertrage und auf dem Parkplatz immer wieder freundliche und fragende Blicke ernte, überlege ich, was zu tun ist: Soll ich überall Plakate aufhängen, so wie damals, als wir unsere Katze suchten? Soll ich zur Polizei gehen und Melchior als vermisst melden oder Anzeige erstatten? Auf jeden Fall werde ich am Sonntag im Gottesdienst auf das Geschehen eingehen und den Dieb ermahnen, Melchior zurückzubringen, und die anderen Gemeindemitglieder auffordern, allfällige sachdienliche Hinweise sofort dem Pfarramt zu melden.

Und dann sind alle Figuren in der Kirche an ihrem Platz. Sie stehen da und schauen mich mit grossen Augen an, wie wenn sie sagen wollten: «Und wo ist der Melchior? Sein Platz ist leer, da fehlt noch einer!»

«Ach, ihr Krippenfiguren, redet doch nicht so laut! Ich sehe es ja selbst, da klafft eine Lücke im schönen Bild!»

Da durchzuckt mich ein neuer Gedanke: Vielleicht ist er nach Hause gegangen? Nicht ins Morgenland, nein, zu seiner Gestalterin, die so viel Zeit und Liebe in ihn gelegt hat. Ich rufe gleich an: «Du, der Melchior ist verschwunden. Es tut mir leid, ich habe überall nachgesehen, aber er ist einfach weg!»

Zuerst ist es still, ich höre nichts. Dann aber beginnt mein Gegenüber zu lachen. «Es tut mir leid, dass ich dir nichts gesagt habe. Aber als ich das letzte Mal im Pfarrhaus war, habe ich gesehen, dass mein Melchior nicht richtig aufrecht steht. Und mein König soll königlich dastehen. Darum habe ich ihn nochmals mitgenommen. Ich bringe ihn wieder vorbei und seine beiden Kollegen gleich mit ihm!»

Jetzt bin ich sprachlos! Und denke: Aufrecht muss ein König stehen? Aber der König in der Krippe ist klein und schutzlos. Er liegt in der Krippe und steht nicht mächtig aufrecht. Und dennoch ist er der wichtigste Teil der Geschichte. Doch auch jede andere Figur, die fehlt, hinterlässt eine Lücke. Ob aufrechter König, Hausfrau, Lastwagenfahrer oder Verkäuferin – jede und jeder hat seinen Platz in der Geschichte der Menschheit.

Brigitte Hauser

FEST DER LIEBE

«Ein Badeunfall in einem fernen Land am Meer hat mich in die Klinik gebracht, zu einem Check-up, ob da noch so alles funktioniere bei mir.» In der Antwort der äusserst gepflegten Dame auf meine Frage nach ihrem Wohlbefinden schwingt Ironie mit. Sie versucht eine aufrechte Sitzposition im Spitalbett einzunehmen, während sie weiterfährt.

«Immer mit der gleichen Gruppe besuche ich fast jedes Jahr um die Weihnachtszeit antike Stätten irgendwo auf der Welt. Früher, da bin ich noch mit meinem Mann gereist, aber er ist schon einige Jahre tot. Die Tochter und der Sohn, die sind zwar lieb und nett, aber halt mit Karriere und eigener Familie beschäftigt. Ja, das haben mein Mann und ich immer unterstützt, die gute Ausbildung der Kinder. Eine gute Ausbildung und ein guter Beruf, das ist doch das Wichtigste! Gerade in der heutigen Zeit, finden Sie nicht auch?»

Mittlerweile sitzt die Dame kerzengerade im Bett. «Seit dem Tod meines Mannes verbringe ich Weihnachten nicht gern daheim. Das Fest der Liebe ohne Liebe ertrage ich nur in der Ferne. Ich bin froh, diese Gruppe Gleichgesinnter gefunden zu haben. Dieses Jahr haben wir uns an einem Badeort vom kulturellen Teil der Reise erholt. Der spitzen Steine wegen mit Badeschuhen bin ich in der kleinen Bucht geschwommen. Die Badeschuhe haben sich mit Kies gefüllt und mich immer weiter nach unten gezogen. Ich habe noch mit den Armen gerudert und geschwadert und um Hilfe gerufen. Von da an weiss ich nichts mehr. Ich bin dann in einem Spital erwacht.»

Die Miene der Dame verfinstert sich, ihr Tonfall wird herrisch. «Spital kann man eigentlich so etwas gar nicht nennen. Primitiv und rückständig ist alles gewesen.» Ihr Ärger verfliegt so schnell, wie er gekommen ist. «Auf der einen Seite neben mir lag ein uraltes ausgemergeltes Müeti und auf der anderen Seite eine Mama, um die sich ununterbrochen die zahlreichen Verwandten scharten und schnatterten. An Ruhe und Erholung war natürlich nicht zu denken. Die Familie hat der Mama haufenweise Essen mitgebracht. Und auch mir, der Fremden, haben sie davon angeboten. Und jeden Nachmittag ist der Sohn des alten Müeti aufgetaucht, ein stämmiger Einheimischer mit Schnauz und dichtem, zu einem Rossschwanz zusammengebundenem Haar. Immer in einem frischen, blütenweissen Hemd. Für mich hat er jeweils ein paar aufmunternde Worte parat gehabt. Dann aber hat er sich ganz seiner alten Mutter zugewandt, sie liebevoll gewaschen, ihr ein paar

Löffel Essen eingegeben und ihr über den Kopf ge-
streichelt.»

Plötzlich lässt sich die Dame ins Kissen zurück-
fallen. Alle Energie scheint aus ihr gewichen zu sein.
«Fest der Liebe», höre ich sie leise murmeln. Ich
blicke die Dame an und schweige. Tränen laufen ihr
über das Gesicht.

Frank Stüfen

WEIHNACHTEN IM GEFÄNGNIS

Es ist der 25. Dezember, der Weihnachtstag. Die Gitterstäbe vor dem Fenster sind blau. Sie teilen den Blick in Quadrate auf. Durch diese hindurch blicke ich auf eine Front weiterer blau vergitterter Fenster. Wieder einmal ein Weihnachtstag ohne eine einzige Schneeflocke. Wie immer ist es am Weihnachtsmorgen im Gefängnis ruhig. In der Küche wird schon das Mittagessen für die Gefangenen zubereitet. Dessert gibt es keines, auch wenn es Weihnachten ist. Das Sozialzentrum – jenes Gebäude, in dem unsere Seelsorgebüros und der multireligiöse Andachtsraum untergebracht sind – ist mit Christbäumen geschmückt. Es sind echte Tannen, die Kerzen hingegen sind elektrisch. Von allem hängt viel zu viel am Baum: zu viele Kugeln, zu viel Rot, zu viel Silber, zu viel Gold. Die Gefangenen haben die Bäume selbst geschmückt. Sie mögen es, wenn es glänzt und glitzert. Vielleicht, weil der Alltag im Gefängnis sonst so wenig Glänzendes hat.

Unser Sigrist – ein Gefangener, der diese Aufgabe übernommen hat – hat weder Mühe noch Aufwand gescheut, den Andachtsraum zu einer Kirche zu machen. Die Krippe ist da und das Jesuskind liegt auf echtem Stroh. Aus Papier hat er eine winterliche Landschaft ausgeschnitten und die Heiligen Drei Könige auf Pappe aufgeklebt. Wir feiern gemeinsam Gottesdienst. Der Organist, auch er ein Gefangener, spielt als Eingangsspiel «Jingle Bells». Wir singen das «Gloria» und beten für die Gefangenen dieser Welt und für die Opfer von Schicksalsschlägen. Doch trotz allem Aufwand: In mir will es nicht richtig Weihnachten werden.

Nach dem Amen des Gottesdienstes wird es plötzlich hektisch. Die zwölf Besucherinnen und Besucher, die mit unseren Gefangenen Kaffee trinken und Weihnachten feiern wollen, müssen von der Personenkontrolle an der Pforte abgeholt werden. Unsere Geschenke an die Gefangenen – eine Kerze, die mit einem Lebensbaum verziert ist, und eine Agenda, die von einem Lebensmittel-Grossverteiler gespendet wurde – müssen präsentiert werden. Die Abreisskalender für das neue Jahr werden nach Sprachen geordnet: Albanisch, Englisch, Deutsch, Russisch, Serbisch, Türkisch und eine Sprache, von der wir nicht wissen, wie sie heisst. Unser Sigrist ist fleissig, er hastet herum, scheint alles im Blick zu haben. Die Gefangenen werden vom Pikett-Dienst aufgeboten. Nun dürfen auch diejenigen, die nicht am Gottesdienst teilgenommen haben, aus ihren Zellen ins Sozialzentrum kommen. Nachdem sich alle an die verschiedenen Tische verteilt haben, die mit Mandarinen und «Guezli» geschmückt sind, begrüssen wir Pfarrer die Anwesenden auf Deutsch und Englisch. Jetzt wird es für uns ruhiger. Die Gefangenen sind bald ins Gespräch mit den Gästen vertieft.

Ich gehe von Tisch zu Tisch, bleibe ab und zu stehen, rede ein paar Worte, versuche dabei aber, die Gespräche nicht zu stören. Wie ich bei einem Gefangenen aus Afrika stehen bleibe, den ich schon länger nicht mehr gesehen habe, fällt mir auf, dass er seltsam bedrückt wirkt. Als ich ihn frage, wie es ihm geht, habe ich den Eindruck, dass er unwillig darauf reagiert. Oder ist es gar nicht Unwillen? Ich setze mich auf den freien Stuhl neben ihn und hake nach: «Was ist geschehen mit Ihnen?» «Es geht mir schlecht», antwortet er. Als ich ihn bitte, zu erzählen, holt er sein Portemonnaie aus der Hosentasche, öffnet es und nimmt vorsichtig ein Foto heraus. Darauf sind zwei sehr hübsche, etwa zwanzigjährige Männer abgebildet, die sich so ähnlich sehen, dass es Zwillinge sein müssen. «Das bin ich und das neben mir ist mein Bruder, der drei Minuten älter ist als ich.» Wie es denn dem Bruder und der Familie gehe, will ich wissen, und wie seine Familie Weihnachten verbringe? Seine Augen werden noch ein wenig dunkler. «Das möchte ich Ihnen nicht hier erzählen, Herr Pfarrer», sagt er und schaut sich um. So bitte ich ihn, mit mir in mein Büro zu kommen, wo wir ungestört sind.

«Erzählen Sie», bitte ich ihn, wie wir im Büro sitzen. «Mein Bruder ist vor ein paar Tagen entführt worden. Es wurde eine Lösegeldforderung gestellt.» Der Mann ist sehr aufgewühlt. «Wer tut denn so etwas?», frage ich ihn erstaunt. «Kann Ihre Familie

das Geld bezahlen?» «Nein, meine Familie hat kaum
Geld, aber alle in unserem Dorf haben zusammenge-
legt. Trotzdem reicht es nicht ganz. Ich weiss nicht,
was mit meinem Bruder ist, ob er lebt, ob er wieder zu
Hause ist oder gefangen gehalten wird ...» «Können
Sie Ihre Familie nicht anrufen?», frage ich, aber ich
ahne die Antwort schon. Es ist der 25. Tag des Mo-
nats. Herr S. wird seine 120 Telefon-Minuten, die er
pro Monat zur Verfügung hat, bereits aufgebraucht
haben. «Ich kann erst wieder am 1. Januar telefo-
nieren», bestätigt er meine Vermutung. «Haben Sie
denn eine Telefonnummer da?», will ich wissen. Er
nimmt einen kleinen Papierfetzen aus dem Portemonnaie und gibt ihn mir wortlos. Ich gehe zum
Telefon auf meinem Schreibtisch, wähle die Nummer
in Afrika und reiche den Hörer dem Mann weiter.
Aus Sicherheitsgründen stelle ich den Lautsprecher
ein. Das Klingeln dauert ewig, doch endlich meldet
sich jemand. Es ist der Zwillingsbruder. Die beiden
Stimmen am Telefon überschlagen sich, bis klar ist,
dass der Bruder unversehrt nach Hause zurückge-
kommen ist. Als Herr S. das Telefongespräch beendet
hat, setzt er sich zu mir an den Tisch und muss sich
zuerst einmal fassen.

Wir verbringen noch eine halbe Stunde zusammen. Er erzählt mir nun ausführlicher von der Situation in seinem Heimatland. Meist seien es politische
und religiöse Konflikte, die hinter solchen Entführun-
gen stünden. Wie Herr S. schliesslich geht, wissen wir
beide: Jetzt ist es wirklich Weihnachten geworden –
auch im Gefängnis!

Als ich anschliessend meinen Dienstvorgesetzten im Gefängnis über das nicht bewilligte Telefongespräch informierte, wurde es abgesegnet.

Ursula Angst-Vonwiller

DIE GARTENZWERGE KOMMEN!

«Idylle Stadtrand» ist eine Altersresidenz für ein nobleres Publikum. Das stilvolle Haus wurde von einem renommierten Innenarchitekten möbliert und der Direktor des Heimes achtet ebenso sorgfältig auf die Einhaltung der gediegenen Atmosphäre wie auf das Wohlergehen der Bewohnerinnen und Bewohner. Aber trotz der gepflegten Umgebung haben die Menschen, die hier leben, die gleichen Probleme mit geschwollenen Beinen oder schlechtem Gehör wie überall sonst in Altersheimen. Das Angebot an Freizeitaktivitäten ist gross – und die Enttäuschung, wenn die Kräfte dazu nicht mehr ausreichen, auch. Eben, wie überall sonst.

Acht bis zwölf unternehmungslustige Frauen nutzen jede Woche das angebotene Gedächtnistraining, das nicht nur nützlich, sondern auch unterhaltsam ist. Jedes Mal ein neues Thema, spielerische Übungen, gedankliche Reisen in die Vergangenheit und

neue Herausforderungen. Zum Beispiel eine Stunde lang Wörter suchen, die zur Küche gehören, alte Bräuche oder Kinderspiele wieder aufleben lassen, Rätsel lösen, sich Gegenstände merken oder zwanzig Wörter mit S suchen – da wird viel überlegt und auch viel gelacht.

Heute geht es um Erinnerungen und Geschichten rund um Gartenzwerge. Was soll denn das? – so reagieren die meisten der Frauen. Die sind doch kitschig und von gestern und werden höchstens im Geheimen niedlich gefunden. Das Gespräch kommt erst zögernd, dann jedoch immer flotter in Gang. «Mir gefallen sie gar nicht.» «Mir auch nicht.» «Passt so richtig in kleine, kunstlose Vorgärtchen.» «Es gibt aber auch nette Gartenzwerge.» So die ersten Spontanreaktionen. Dann versuchen sich die Teilnehmerinnen zu erinnern, wann und wo sie das erste Mal einen solch bunten Gesellen gesehen haben. Merkwürdig, jede der Frauen kann sich an ein Erlebnis erinnern, obwohl sie doch Gartenzwerge so kitschig und unpassend finden …

Alice bleibt bei ihrer Meinung: «Mir gefallen sie gar nicht. Ich habe vor ein paar Jahren sogar einen geschenkt bekommen. Ein ganz blödes Mitbringsel eines Gastes war das! Warum ich ihn sogar hierher in die Altersresidenz mitgenommen habe, weiss ich beim besten Willen nicht mehr. Ich müsste ihn schon längst mal entsorgen!» «Mir würde es schon noch gefallen, wenn so ein kleiner Wicht bei mir wohnen würde», meldet sich Susanna, eine eher zurückgezogen lebende Frau. Dann ist das Gedächtnistraining zu Ende. Niemand ahnt, dass die Geschichte mit den Gartenzwergen in diesem Moment erst beginnt.

In der Altersresidenz sind gegenseitige Einladungen zum Tee bei den geselligeren Damen eine Tradition. Und siehe da: Zwei Wochen später beschliesst die sonst eher scheue Susanna, auch einmal jemanden zum Tee einzuladen. Verwundert und neugierig nimmt Alice die Einladung an, denn bei Susanna war bisher noch keine von ihnen zu Besuch. Das Gedächtnistraining zum Thema Gartenzwerge hat Susanna schon längst vergessen.

Umso mehr müssen beide Frauen lachen, als Susanna das Mitbringsel von Alice auspackt: Es ist der Gartenzwerg, den diese schon längst hatte entsorgen wollen! Und von da an wächst Susanna in die Gruppe der unternehmungslustigen Frauen hinein. Schon bald wird auch sie eingeladen – zum Apéro. Die ganze Gesellschaft stutzt, als Susanna ihr Geschenk überreicht: ihren Hausgenossen mit der roten Zipfelmütze. «Er hat mir so gut getan und mir immer verständnisvoll vom Stubenbuffet herab zugelächelt. Dieses Lächeln will ich auch anderen schenken und deshalb leihe ich ihn aus. Gehören tut er aber immer noch mir!»

Ist das die gleiche Susanna, die sich so scheu für den Gartenzwerg eingesetzt hat? Natürlich findet der Wicht den Weg wieder zurück zu ihr. Statt ihn aber wieder aufzunehmen, bittet sie Alice, ihn gleich jemand anderem weiterzugeben. So wächst das Weitergeben des Gartenzwergs zu einem Projekt heran, ohne eigentliche Leitung, ohne Budget und ohne Zielvorgaben. Immer mehr Frauen erkundigen sich,

wie man zu dieser Gartenzwerg-Runde stossen könne. Die Besuche untereinander müssen regelmässiger
organisiert werden, damit innert nützlicher Frist jede
Interessentin zwei Wochen lang Besuch vom kleinen
Wicht bekommen kann. Eine Liste für Interessierte
muss erstellt werden, die sorgfältig gehütet wird.

Nun erfährt auch der Direktor des Heims von der
neuen Aktivität der Bewohnerinnen. Besorgt erkundigt er sich, ob der Gartenzwerg, der so gar nicht
ins ästhetische Konzept der gediegenen Unterkunft
passen will, wirklich auch weiterhin nur in den Privaträumen aufgestellt werde? Keinesfalls solle er im
Gang auftauchen, wo nächstens die Gemälde für die
Adventszeit aufgehängt werden. Niemand versteht
seine Frage – denn natürlich wollen alle ihren Besuch
bei sich behalten. Bald fragt auch der erste Mann,
ob er mitmachen dürfe. Nach kurzer Beratung gibt
die Runde grünes Licht, nur warten, bis er an der
Reihe ist, musste er natürlich schon. Und selbst zu
Tee oder Kaffee einladen natürlich auch. Schliesslich
will sich auch die Gedächtnistrainerin in die Liste
eintragen. Das löst eine Diskussion darüber aus, ob
sie den Zwerg zu sich nach Hause nehmen dürfe
oder nur im Haus während des Gedächtnistrainings
haben solle.

Zu lachen gibt es viel. Der Umzug des Gartenzwergs ist jedes Mal ein Grund für einen Kontakt
mit jemandem im Haus, einfach weil er oder sie als
nächstes auf der sorgfältig gehüteten Liste steht. Und
genau dies, die Gemeinschaft untereinander, hat der
Zwerg in den Monaten seiner Rundreise unter den
Bewohnerinnen und Bewohnern wachsen lassen. In-

zwischen war er sogar im Vorzimmer des Direktors zu Besuch – auf Anfrage seiner Sekretärin.

Nun ist auch in der Altersresidenz «Idylle Stadtrand» die Adventszeit gekommen. Das Wort Advent hat bekanntlich mit dem Wort «ankommen» zu tun. Viele in der Altersresidenz verstehen jetzt besser, worum es in dieser Zeit geht – auch wenn bei ihnen vordergründig nur ein Gartenzwerg angekommen ist.

Verena Lang

ENGEL, FLIEG!

Es war kurz vor Weihnachten. Anna stand auf und ging zum Sekretär, in dem sie all ihre Habseligkeiten versorgt hatte. Sie mochte es nicht, wenn Dinge herumlagen. Sie war immer eine ordentliche Person gewesen. Alles hatte seinen Platz, nicht nur in der Wohnung, auch im Leben. Bis ins kleinste Detail hatte sie den Umzug ins Altersheim geplant und durchgezogen. Rechtzeitig, solange sie noch alles selbst machen konnte. Darauf war sie stolz. Schliesslich hatte sie immer alles allein gemacht. Auch ihre Tochter grossgezogen, ohne Sozialhilfe und ohne Alimente. Zwar hatte dieser schreckliche Verkehrsunfall alles durcheinander gebracht. Es hatte Jahre gedauert, bis sie das Zimmer ihrer Tochter aufräumen konnte. Aber sie hatte sich nie etwas anmerken lassen, auch ihre Trauer fest im Griff gehabt.

Seit drei Wochen war sie hier im Altersheim. Alles, was sie besass, hatte jetzt Platz in einem Raum und einem Mottenschrank auf dem Estrich. Ein Lehnstuhl, abgewetzt, mit Spuren von Katzenkrallen, ein Klappsekretär, darauf ein kleiner Kaktus und das Foto einer jungen Frau in Lederjacke auf einem Motorrad. Die wenigen, persönlichen Gegenstände wirkten verloren im klinisch sauberen Zimmer mit den weissen Wänden und Vorhängen, mit einem spiegelblanken Boden und dem glänzenden Chromstahlbett.

Wäre da nicht dieses gelbe, runzelige Papier gewesen, das auf dem Kopfkissen lag und den Eindruck von Ordnung störte, hätte man denken können, dass da gar niemand wohnte, sondern nur ab und zu jemand zum Lüften vorbeikam.

Da lag aber dieser lichtgelbe Zettel in Postkartengrösse, leicht zerknittert auf dem weissen Kissen. Papierfalten längs, diagonal und quer deuteten darauf hin, dass er mehrmals gefaltet und wieder geöffnet worden war. Wie ein Lichtpunkt im Dunkeln schien er Blicke auf sich zu ziehen. Das Papier, man ahnte es, hatte in seiner luftigen Leichtigkeit mehr Gewicht als alles andere im Zimmer.

Anna wühlte weiter in einer Schublade des Sekretärs. Sie schien nach etwas zu suchen. Als sie es nicht fand, leerte sie das ganze Schublädchen auf das Schreibtischblatt und legte Stück für Stück des Inhalts wieder in die Schublade zurück. Alte Briefe, Karten, die kleine Schmuckschatulle, vergilbte Couverts und die Briefmarkenschachtel. Schliesslich schloss sie den Sekretär und stand da, als hätte man sie mitten in der Wüste ausgesetzt. Wo hatte sie nur den Zettel hingelegt? Er lag doch immer in der Schublade. Zuunterst gut geschützt und schön zusammengefaltet. Nur vor Weihnachten hatte sie ihn jeweils hervorgeholt. Sie nannte das Papier zärtlich ihren Weihnachtsengel. Von so vielem hatte sie sich getrennt: von goldumrandeten Blumenvasen und teuren Kerzenständern, von Spitzendecken und Kristallgläsern. Von Büchern und Briefen, von vielen Fotos. Der Zettel aber hatte all die Jahre überlebt, jeden Umzug und jede Veränderung überstanden. Es durfte nicht sein, dass ausgerechnet an der ersten Weihnacht im Altersheim der Engel nicht da war.

Anna ging zum Fenster und öffnete es. Sie brauchte jetzt einen kühlen Kopf. Es war ein düsterer, windiger Abend. Schneeluft wehte ins Zimmer. Anna starrte ins Dunkle. Ihre Gedanken trugen sie weg.

Sie sah sich auf einer Bank in einem Frühlingspark sitzen. Neben sich ein kleines Mädchen mit einer weissen Haarschleife. Anna faltete Papierflieger: gelbe, rote, blaue und grüne und gab sie dem Kind. Das Mädchen warf sie in die Luft. Jedes Mal, wenn es einen gelben Flieger losliess, rief es: «Engel, flieg!» Das Spiel dauerte so lange, bis Anna das letzte Papier aufgebraucht hatte.

Anna seufzte tief und liess sich in den Lehnstuhl beim Fenster fallen. Sie war erschöpft von all den neuen Eindrücken und traurig, dass sie ihren Engel verloren hatte. Für sie würde es dieses

Jahr nicht Weihnachten werden. Sie schloss die Augen.

Wie lange sie geschlafen hatte, wusste sie nicht. Ein starker Luftstoss weckte sie auf. Anna öffnete die Augen. Etwas Gelbes wirbelte von ihrem Kopfkissen her durch die Luft und fiel vor ihre Füsse. Sie traute ihren Augen nicht. Es kam ihr wie ein Wunder vor. Sie hob das Papier auf. Zärtlich fuhren ihre Finger den Faltlinien entlang. Sie strich den Zettel glatt, drückte ihn ans Herz. Ob sie noch wusste, wie man Papierflieger macht? Andächtig faltete sie Linie um Linie.

Dann stand sie auf, ging zum Fenster, und schaute lange in die Nacht. Plötzlich hob sie die Hand und überliess den kleinen Papierflieger dem nächsten Windstoss: «Engel, flieg», sagte sie leise. «Du weisst, wohin.»

VERZEICHNIS DER
AUTOREN UND AUTORINNEN

Angst, Roman: Pfäffikon ZH, Pfarrer und Seelsorger an der Bahnhofkirche am Zürcher Hauptbahnhof

Angst-Vonwiller, Ursula: Gemeinderätin in Pfäffikon ZH und sozialdiakonische Mitarbeiterin der Kirchgemeinde Zürich-Balgrist. Die Autorin verstarb im Juli 2012, kurz vor Fertigstellung dieses Buches.

Becker, Brigitte: Theologin und Mitarbeiterin der Fachstelle «Spiritualität und Lebensstil» der Zürcher Landeskirche

Capaul, Carlo: Pfarrer in der Kirchgemeinde Herrliberg

Fürst, Hansruedi: Pfarrer in der Kirchgemeinde Andelfingen

Giger, Markus: Pfarrer und Leiter der evangelisch-reformierten Jugendkirche «streetchurch» in Zürich

Hauser, Brigitte: Spitalpfarrerin am Stadtspital Waid und an der Klinik Susenberg in Zürich

Keller, Anita: Pfarrerin in der Kirchgemeinde Trüllikon-Truttikon

Kuhn, Achim: Pfarrer in der Kirchgemeinde Adliswil

Kunz, Ralph: Winterthur, Professor für Praktische Theologie an der Theologischen Fakultät der Universität Zürich

Lang, Verena: Spitalpfarrerin am Pflegezentrum Käferberg in Zürich

Maitland, Marcus: Pfarrer in der Kirchgemeinde Hittnau

Muggli, Thomas: Pfarrer in der Kirchgemeinde Bubikon

Müller Kuhn, Matthias: teilzeitlich Pfarrer der Gehörlosengemeinde Zürich-Oerlikon, Engagement im Projekt «terebinthe», Bildungs- und Begegnungsräume in Kilchberg

Nussbaumer, Alex: Pfarrer in der Kirchgemeinde Uster

Reibenschuh Maitland, Christine: Pfarrerin in der Kirchgemeinde Hittnau

Schibler, Gina: Pfarrerin in der Kirchgemeinde Erlenbach

Schneebeli, Werner: Pfarrer in der Kirchgemeinde Affoltern a. A.

Stüfen, Frank: leitender Pfarrer der reformierten Gefängnisseelsorge im Kanton Zürich, Regensdorf

Zimmerli, Paul: Pfarrer in der Kirchgemeinde Rüti

TEXTNACHWEIS

Adolf Muschg, «Als die drei Könige …» (S. 6):
Adolf Muschg, Geschichtenweihnacht. Eine Predigt, in:
Warten auf ihn, hg. von Wolfgang Erk, Stuttgart 1981, S. 7–13.
© Adolf Muschg

Bereits veröffentlichte Weihnachtsgeschichten
Anita Keller, «Christ ist geboren!» (S. 11):
Auszug aus einem Text, der in der «Andelfinger Zeitung» vom
22. Dezember 2001 veröffentlicht wurde.

Markus Giger, Lebendige Hoffnung (S. 29):
Veröffentlicht im «Tagblatt» vom 24. Dezember 2008.

Alex Nussbaumer, Weihnachtslicht (S. 78):
Stark gekürzte und bearbeitete Version eines Textes,
der im inzwischen vergriffenen Buch «Hoffnung trotz allem»
erschienen ist (Blaukreuz-Verlag, Bern 1999).

Weihnachtsgeschichte als Weihnachtsspiel
Thomas Muggli, Sara sucht das Licht (S. 53):
Die ursprüngliche Fassung dieser Geschichte wurde als
Kindertheater für die Weihnachtsfeier der «Chinderchile» in
Bubikon verfasst. Sie ist in Dialekt geschrieben und mit
passenden Liedern versehen. Interessierte erhalten sie bei
thomas.muggli@zh.ref.ch